Marie Christine Jamet   Odile Chantelauve

PRÉPARATION À L'EXAMEN DU
DELF
SCOLAIRE & JUNIOR A2

Français langue étrangère

www.hachettefle.fr

Sommaire

- Les épreuves du DELF A2 scolaire et junior — 4
- Comment se déroule l'examen ? — 5
- Les compétences linguistiques de niveau A2 — 6
- Les compétences communicatives de niveau A2 — 7
- Les critères d'évaluation du DELF A2 — 8

Compréhension de L'ORAL — 9
- Je me prépare — 10
- Je m'entraîne — 20

Compréhension des ÉCRiTS — 31
- Je me prépare — 32
- Je m'entraîne — 41

Production ÉCRiTE — 57
- Je me prépare — 58
- Je m'entraîne — 77

Production ORALE — 85
- Je me prépare — 86
- Je m'entraîne — 101

SUJETS D'EXAMEN — 113
- Je passe le DELF : sujet d'examen n° 1 — 114
- Je passe le DELF : sujet d'examen n° 2 — 121

Crédits : *couverture :* © Éric Audras/Getty Images ; © Géraldine Ferrer : p. 16, p. 28, p. 30, p. 32, p. 33, p. 43, p. 59, p. 65, p. 66, p. 77, p. 78, p. 122 ; p. 47 : © Ludothèque de Boulogne-Billancourt ; p. 50 : © F. Baron et C. Kito ; p. 52 : avec l'aimable autorisation de l'Office de tourisme de Carnac ; p. 52, p. 54 : Gérard Sioen / RAPHO ; p. 78 : © Éric Catarina / GAMMA, © Raymond Delalande / JDD / GAMMA ; p. 112 : © Pariscope.

Couverture : Amarante
Conception graphique et mise en pages : Médiamax
Illustrations : Frédérique Vayssières et Alain Janolle

ISBN : 978-2-01-155453-6
© Hachette Livre 2006, 43, quai de Grenelle, F 75905 Paris cedex 15.
Tous droits de traduction, de reproduction et d'adaptation réservés pour tous pays.

Le code de la propriété intellectuelle n'autorisant, aux termes des articles L. 122-4 et L. 122-5, d'une part, que « les copies ou reproductions strictement réservées à l'usage privé du copiste et non destinées à une utilisation collective » et, d'autre part, que « les analyses et courtes citations » dans le but d'exemple et d'illustration, « toute représentation ou reproduction intégrale ou partielle, faite sans le consentement de l'auteur ou de ses ayants droit ou ayants cause, est illicite ». Cette représentation ou reproduction, par quelque procédé que ce soit, sans l'autorisation de l'éditeur ou du Centre français de l'exploitation du droit de copie (20, rue des Grands-Augustins, 75006), constituerait donc une contrefaçon sanctionnée par les articles 425 et suivants du Code pénal.

Avant-propos

Ce livre de préparation au **DELF**, Diplôme d'études en langue française, **niveau A2** du Cadre européen commun de référence pour les langues, version scolaire et junior, s'adresse à des apprenants adolescents.

Il a été conçu pour un usage en classe guidé par l'enseignant ou en autonomie (avec les corrigés).

• Il comporte quatre parties correspondant aux quatre compétences testées le jour de l'examen dans l'ordre où l'apprenant les passe. Les trois premières compétences – **compréhension de l'oral, compréhension des écrits, production écrite** – sont testées collectivement, tandis que la **production orale** est une épreuve individuelle.
• Une 5ᵉ partie – **Sujets d'examen** – propose deux simulations d'épreuves complètes du DELF A2.

Pour chaque compétence, dans les quatre premières parties, le travail a été organisé en deux sections distinctes : **Je me prépare** et **Je m'entraîne**.

Je me prépare

Dans cette section, les activités proposées sont :
• des activités de révision des contenus linguistiques de niveau DELF A2 ;
• des activités qui visent à développer des stratégies d'écoute, de lecture, etc.
Ces activités préalables permettent de se préparer sereinement à l'examen en révisant ses compétences linguistiques.

Dans cette section, chaque exercice est noté et l'apprenant peut ainsi auto-évaluer ses connaissances.

Je m'entraîne

Dans cette section, les activités proposées sont construites sur la typologie des documents et des exercices présentés le jour de l'examen. Elles renforcent davantage les compétences communicatives (savoir-faire) de niveau DELF A2.

Je passe LE DELF

Dans cette dernière section, l'apprenant est évalué à partir de deux sujets types complets et peut ainsi s'exercer à passer les quatre épreuves du DELF A2 à la suite.

Pour l'évaluation des épreuves de production écrite et de production orale, le professeur est invité à se reporter aux grilles de la page 8. Il pourra les commenter avec ses élèves car elles ont été adaptées par rapport aux documents officiels afin d'être compréhensibles par les apprenants eux-mêmes.

BONNE CHANCE À TOUS !

Les épreuves du DELF A2
Version scolaire et junior

Niveau A2 du Cadre européen commun de référence pour les langues

Il n'est pas nécessaire de passer le DELF A1 pour se présenter au DELF A2.

NATURE DES ÉPREUVES	DURÉE	NOTE SUR
■ **COMPRÉHENSION DE L'ORAL** Réponse à des questionnaires de compréhension portant sur trois ou quatre courts documents enregistrés ayant trait à des situations de la vie quotidienne (2 écoutes). *Durée maximale des documents : 5 minutes.*	25 minutes environ	..... / 25
■ **COMPRÉHENSION DES ÉCRITS** Réponse à des questionnaires de compréhension portant sur trois ou quatre courts documents écrits ayant trait à des situations de la vie quotidienne.	30 minutes	..... / 25
■ **PRODUCTION ÉCRITE** Rédaction de deux brèves productions écrites : • décrire un événement ou des expériences personnelles (lettre amicale, journal intime, journal du lycée, etc.) ; • écrire pour inviter, remercier, s'excuser, demander, informer, féliciter (lettre amicale, message).	45 minutes	..... / 25
■ **PRODUCTION ORALE** Épreuve en trois parties : • entretien dirigé ; • monologue suivi ; • exercice en interaction.	6 à 8 minutes Préparation : 10 minutes	..... / 25
	NOTE TOTALE :	..... / 100

- Seuil de réussite pour obtenir le diplôme : 50 / 100
- Note minimale requise par épreuve : 5 / 25
- Durée totale des épreuves collectives : 1 heure 40 minutes

Comment se déroule l'examen ?

Les trois épreuves collectives (un jour) : compréhension de l'oral, compréhension des écrits, production écrite

- D'abord, vous passerez les trois épreuves collectives. Vous viendrez avec votre convocation et une pièce d'identité. Vous serez dans une salle avec d'autres jeunes comme vous.

- Vous écrirez sur les feuilles qui vous seront distribuées avec les sujets.

- Vous commencerez par la **compréhension de l'oral**. Vous écouterez **les enregistrements** et vous compléterez le questionnaire (25 minutes).

- Vous aurez ensuite une heure et quart pour faire les deux épreuves écrites.
La compréhension des écrits (30 minutes) : vous lirez plusieurs **documents courts** et vous répondrez à des questionnaires de compréhension.
La production écrite (45 minutes) : vous rédigerez les **deux brèves productions** (60 à 80 mots). Vous pourrez faire un brouillon.

- Attention à bien gérer votre temps : au maximum 30 minutes pour répondre aux questionnaires de compréhension écrite afin de conserver 45 minutes pour la production écrite.

L'épreuve individuelle (un autre jour) : production orale

- L'épreuve de production orale dure de 6 à 8 minutes avec 10 minutes de préparation.

- Lorsque l'examinateur(trice) vous appellera, il vous fera choisir deux sujets, un pour le monologue suivi, l'autre pour le dialogue simulé. Vous aurez alors 10 minutes pour réfléchir à ce que vous direz.

- Vous passerez d'abord la première partie, **l'entretien dirigé** : l'examinateur(trice) vous posera des questions sur vous et votre vie (2 minutes environ).

- Puis vous passerez la deuxième partie, **le monologue suivi** : vous devrez parler seul sur un thème donné pendant 2 à 3 minutes.

- Enfin, dans la troisième partie, **l'exercice en interaction** : vous jouerez une scène de la vie quotidienne avec l'examinateur(trice) (3 à 5 minutes environ).

Les compétences linguistiques de niveau A2

Même s'il n'est pas nécessaire de passer le DELF A1 pour se présenter au DELF A2, les compétences de niveau A1 du Cadre européen commun de référence sont considérées comme acquises au niveau A2.

GRAMMAIRE

- Les déterminants (articles définis, indéfinis et partitifs ; adjectifs possessifs et démonstratifs) pp. 10, 11, 45, 69, 87
- Le masculin, le féminin et le pluriel des noms et des adjectifs (réguliers et irréguliers) pp. 10, 55
- Les adjectifs numéraux cardinaux et ordinaux p. 14
- Les pronoms démonstratifs et interrogatifs pp. 11, 28, 91
- Les adjectifs et pronoms indéfinis : tout, quelques / quelques-un(e)s, plusieurs, certain(e)s p. 68
- Les quantificateurs : beaucoup (de), trop (de), peu (de), assez (de) p. 68
- Les pronoms personnels sujets, toniques et compléments directs ou indirects, simples ou couplés pp. 76, 92
- Les pronoms en et y p. 53
- Les pronoms relatifs qui, que, où, dont p. 49
- Tous les temps de l'indicatif et leur emploi pp. 52, 56, 68, 69, 70, 71, 94
- Les périphrases verbales : être en train de, aller + infinitif, venir de + infinitif pp. 13, 59
- Le conditionnel présent (formation et emploi) pp. 56, 95, 97
- Le subjonctif présent (formation et emploi) pp. 56, 72, 73, 97
- L'impératif pp. 27, 45
- Le participe présent et le gérondif p. 52
- La voix passive p. 51
- Les formes impersonnelles p. 25
- Les adverbes pp. 48, 88
- L'interrogation (totale, partielle, avec qui, que, quoi, quel et lequel) pp. 74, 89, 90, 91
- L'exclamation p. 13
- La négation pp. 38, 69
- Les conjonctions et les connecteurs logiques pp. 40, 61, 98
- Les prépositions et les adverbes de lieu pp. 18, 65, 67, 106
- Les prépositions et les adverbes de temps pp. 19, 39, 70, 103
- L'expression de la cause p. 75
- L'expression de la conséquence p. 75
- L'expression du but p. 40
- L'expression de la condition p. 93
- L'expression de la concession (malgré, quand même) p. 40
- Le comparatif (plus, moins, aussi, autant que…) et le superlatif pp. 25, 26, 49, 107
- Le discours rapporté p. 76

VOCABULAIRE

- Les pays, les villes et les nationalités pp. 26, 67
- Les lieux (l'adresse, les paysages, les lieux de la ville) pp. 15, 66
- Les jours et les moments de la journée p. 71
- Les mois, les saisons p. 14
- Les nombres cardinaux et ordinaux p. 14
- Les unités de mesure p. 37
- L'heure et la durée pp. 15, 102
- La date (la date de naissance, la date sur une carte / lettre) pp. 14, 58
- La météo p. 25
- La famille pp. 61, 87
- Les professions pp. 61, 88
- Le système scolaire (type d'écoles, matières, lieux, fournitures) pp. 25, 103
- La musique et les chansons p. 47
- Les sports et les jeux p. 44
- Les magasins p. 109
- L'alimentation pp. 28, 45
- Les vêtements pp. 63, 110
- Les couleurs et les motifs pp. 63, 110
- Le corps humain et la santé p. 21
- Les sentiments p. 103
- La description physique pp. 62, 63, 88
- Le caractère et la personnalité p. 62
- L'habitation pp. 64, 89
- Le mobilier p. 65
- Les moyens de transport (train, avion) p. 24
- Le cinéma, la télévision et le théâtre pp. 29, 99, 112
- Les moyens de communication pp. 20, 29
- Les animaux p. 102
- Les voyages, les vacances pp. 77, 78

Les compétences communicatives de niveau A2

Vous devez :

COMPRÉHENSION DE L'ORAL
Vous devez :

- Comprendre des messages au téléphone (répondeur privé ou public)
- Comprendre des annonces (dans une gare ou dans un train, dans un aéroport ou dans un avion, dans un magasin)
- Comprendre des extraits d'émissions de radio (des publicités, la météo, les informations, des interviews, une recette)
- Comprendre des conversations (un itinéraire, des conversations dans un magasin, des propositions / des accords / des refus, des avis / des opinions…)

COMPRÉHENSION DES ÉCRITS
Vous devez :

- Comprendre des écriteaux et des panneaux
- Comprendre des instructions (un règlement public, une règle du jeu, une recette)
- Comprendre des menus
- Comprendre des petites annonces
- Comprendre des documents informatifs (une publicité, des présentations de films / de livres, des récits / des faits-divers, des descriptions touristiques)
- Comprendre des écrits personnels (des cartons d'invitation, des cartes postales ou des lettres amicales, des courrriels, des forums d'opinions)

PRODUCTION ÉCRITE
Vous devez :

- Écrire deux textes de 60 à 80 mots environ (texto, message manuscrit, carte postale, courriel, lettre amicale, article de journal, journal intime) pour :
  – faire un compte-rendu ou raconter des expériences personnelles
  – informer, demander, inviter
  – répondre : accepter, refuser et vous excuser, féliciter, remercier

PRODUCTION ORALE
Vous devez :

- Saluer l'examinateur et comprendre ses indications
- Répondre à des questions pour : parler de vous, de votre famille, de vos habitudes, de votre vie quotidienne, de vos activités, de vos goûts…
- Parler seul sur un thème donné pendant quelques minutes en continu : parler de votre famille, de vos vacances, de vos goûts…
- Dialoguer / interagir à l'oral : faire des achats, inviter, organiser une sortie, vous renseigner pour une activité…

LES CRITÈRES D'ÉVALUATION

■ **COMPRÉHENSION DE L'ORAL** 25 points ■ **COMPRÉHENSION DES ÉCRITS** 25 points

L'évaluation des connaissances linguistiques est identique pour les deux épreuves. Des points sont attribués aux différentes réponses du questionnaire. Le nombre de points est indiqué à côté de chaque exercice.

■ **PRODUCTION ÉCRITE** 25 points

Pour l'exercice 1 (raconter une expérience personnelle) et l'exercice 2 (écrire pour inviter, proposer, remercier…), on évalue à la fois les compétences linguistiques et communicatives.

■ **PRODUCTION ORALE** 25 points

L'examinateur évaluera vos compétences communicatives et linguistiques pour les trois épreuves : entretien dirigé (1re partie), monologue suivi (2e partie), exercice en interaction (3e partie).

CONNAISSANCES LINGUISTIQUES (Production écrite — Exercices 1 et 2)

▶ **Lexique / orthographe lexicale (2 points)**
– Vous connaissez un répertoire élémentaire de mots utiles pour la situation proposée.
– Vous êtes capable d'écrire les mots de base même s'il peut y avoir encore quelques erreurs d'orthographe.
| 0 pt | 0,5 pt | 1 pt | 1,5 pt | 2 pts |

▶ **Morphosyntaxe / orthographe grammaticale (2,5 points)**
– Vous connaissez les structures grammaticales relatives aux situations proposées, même si vous faites encore quelques erreurs.
| 0 pt | 0,5 pt | 1 pt | 1,5 pt | 2 pts |

▶ **Cohérence et cohésion (1,5 point)**
– Vous avez su produire un texte cohérent et bien construit.
– Vous savez relier les phrases avec les mots les plus fréquents (et, mais, alors, etc.).
| 0 pt | 0,5 pt | 1 pt | 1,5 pt |

CONNAISSANCES LINGUISTIQUES (Production orale — Parties 1, 2 et 3)

▶ **Lexique (étendue et maîtrise) (3 points)**
Vous connaissez un ensemble de mots encore limité mais adéquat pour les situations de la vie quotidienne.
| 0 pt | 0,5 pt | 1 pt | 1,5 pt | 2 pts | 2,5 pts | 3 pts |

▶ **Morphosyntaxe (4 points)**
Vous savez utiliser des structures et des formes grammaticales simples. Le sens général est clair, même si vous faites encore quelques erreurs élémentaires.
| 0 pt | 0,5 pt | 1 pt | 1,5 pt | 2 pts | 2,5 pts | 3 pts | 3,5 pts | 4 pts |

▶ **Maîtrise du système phonologique (3 points)**
Vous prononcez de façon claire, même si parfois l'interlocuteur doit vous faire répéter.
| 0 pt | 0,5 pt | 1 pt | 1,5 pt | 2 pts | 2,5 pts | 3 pts |

COMPÉTENCES COMMUNICATIVES (Production écrite)

Exercice 1

▶ **Respect de la consigne (1 point)**
– Vous avez répondu au sujet posé et utilisé les informations données.
– Vous avez respecté la longueur demandée.
| 0 pt | 0,5 pt | 1 pt |

▶ **Capacité à raconter et à décrire (4 points)**
– Vous avez su décrire des personnes, des lieux, des choses de votre univers familier.
– Vous avez su raconter logiquement une suite d'événements passés (bon usage des temps, des compléments et connecteurs, etc.).
| 0 pt | 0,5 pt | 1 pt | 1,5 pt | 2 pts | 2,5 pts | 3 pts | 3,5 pts | 4 pts |

▶ **Capacité à donner ses impressions (2 points)**
– Vous avez su exprimer une impression personnelle.
– Vous avez su dire ce qui vous plaît ou ne vous plaît pas.
| 0 pt | 0,5 pt | 1 pt | 1,5 pt | 2 pts |

Exercice 2

▶ **Respect de la consigne (1 point)**
– Vous avez répondu au sujet posé et utilisé les informations données.
– Vous avez respecté la longueur demandée.
| 0 pt | 0,5 pt | 1 pt |

▶ **Correction sociolinguistique (1 point)**
– Vous savez utiliser les registres de langue en adéquation avec le destinataire et le contexte (vouvoiement, formules de salutation, forme interrogative, etc.).
– Vous connaissez les formes courantes pour commencer ou finir un message.
| 0 pt | 0,5 pt | 1 pt |

▶ **Capacité à inter-agir (4 points)**
– Vous savez écrire une lettre ou un message personnel pour exprimer remerciements, excuses, pour proposer, etc.
| 0 pt | 0,5 pt | 1 pt | 1,5 pt | 2 pts | 2,5 pts | 3 pts | 3,5 pts | 4 pts |

COMPÉTENCES COMMUNICATIVES (Production orale)

1re partie

▶ Vous savez comment vous adresser à votre interlocuteur, vous présenter et décrire votre environnement familier.
| 0 pt | 0,5 pt | 1 pt | 1,5 pt | 2 pts | 2,5 pts | 3 pts |

▶ Vous pouvez répondre et réagir à des questions simples. Vous pouvez gérer une interaction simple.
| 0 pt | 0,5 pt | 1 pt |

2e partie

▶ Vous pouvez présenter de manière simple un événement, une activité, un projet, un lieu, etc. liés à votre vie de tous les jours.
| 0 pt | 0,5 pt | 1 pt | 1,5 pt | 2 pts | 2,5 pts | 3 pts |

▶ Vous pouvez relier les informations que vous donnez de manière simple et claire.
| 0 pt | 0,5 pt | 1 pt | 1,5 pt | 2 pts |

3e partie

▶ Vous pouvez demander et donner des informations dans des situations de la vie quotidienne.
Vous savez accepter ou refuser des propositions.
| 0 pt | 0,5 pt | 1 pt | 1,5 pt | 2 pts | 2,5 pts | 3 pts | 3,5 pts | 4 pts |

▶ Vous connaissez les expressions courantes et les usages pour entrer en communication avec quelqu'un.
| 0 pt | 0,5 pt | 1 pt | 1,5 pt | 2 pts |

Compréhension de L'ORAL

Qu'est-ce qu'on vous demande ?

 Vous écouterez trois ou quatre documents relatifs à des situations de la vie quotidienne. Vous devrez répondre à des questionnaires de compréhension :
- des questions vrai / faux ;
- des questions à choix multiple ;
- des images à faire correspondre ;
- des informations brèves à écrire.

 Par rapport au niveau A1, les documents sont un peu plus longs et un peu plus complexes, mais les exercices sont du même type.

Quelques conseils pour écouter les enregistrements

 Faites comme le jour de l'examen : vous pouvez écouter deux fois le même document avec une pause entre chaque écoute (de 30 secondes pour un seul document et de 15 secondes pour de courts dialogues à la suite) afin de répondre aux questions.

 Procédez de la façon suivante :
- **Lisez** d'abord les questions et **observez** les illustrations s'il y en a.
- Ensuite **écoutez** une première fois l'enregistrement et répondez.
- Puis **réécoutez** une deuxième fois et complétez ou corrigez vos réponses.
- Enfin **réécoutez encore** si nécessaire (ce que vous ne pourrez pas faire le jour de l'examen).

 Attention ! Vous ne comprendrez peut être pas tous les mots, mais ce n'est pas grave. Il faut seulement se concentrer sur quelques éléments précis du message pour pouvoir répondre.

Je me prépare

COMPRÉHENSION DE L'ORAL

A Reconnaître les marques grammaticales à l'oral

Distinguer le masculin du féminin

Entendre le masculin et le féminin

- Il faut faire attention :
  – aux déterminants (*la, ma, cette,* etc.) ;
  – aux formes du féminin du nom ou de l'adjectif (*étudiant / étudiante, petit / petite, italien / italienne, vif / vive,* etc.) ;
  – aux pronoms personnels (*il(s) / elle(s)* ; *le / la*).
- Attention, lorsqu'il n'y a qu'un seul indice oral dans la phrase :
  Ta montre est très jolie.

Les articles définis, indéfinis et les adjectifs démonstratifs

	masculin	féminin
singulier	le l' devant voyelle ou h muet	la
pluriel	les	
singulier	un	une
pluriel	des	
singulier	ce (cet)	cette
pluriel	ces	

1 Écoutez les déterminants et indiquez si on parle d'une fille ou d'un garçon. Cochez.   .... / 6

	1	2	3	4	5	6
un garçon						
une fille						
on ne sait pas						

2 Écoutez et indiquez si on parle d'une fille ou d'un garçon. Attention, les prénoms à l'oral sont identiques. Cochez.   .... / 6

	1	2	3	4	5	6
un garçon						
une fille						
on ne sait pas						

3 Écoutez et indiquez si on parle d'une fille ou d'un garçon. Cochez.   .... / 6

	1	2	3	4	5	6
un garçon						
une fille						

Je me prépare

Les adjectifs possessifs

| un possesseur | mon ma ton ta son sa | mes tes ses |
| plusieurs possesseurs | notre votre leur | nos vos leurs |

Attention : devant un nom féminin commençant par une voyelle ou un h muet, on utilise les formes du masculin : *mon amie*.

Comptez vos points !

TOTAL ..... / 30
● total ≥ 15
● total < 15

■ **Distinguer le singulier du pluriel**

Entendre le singulier et le pluriel

● Il faut faire attention :
– au déterminant et à sa prononciation (*le ≠ les, ce ≠ ces*, etc.) ;
– à la terminaison du verbe conjugué quand il y a une différence (*est ≠ sont, a ≠ ont, entend / entendent*, etc.) ;
– aux liaisons qui peuvent aider (*les_arbres ≠ l'arbre, vos_affaires, ils_ habitent*).

● Attention aussi lorsqu'il n'y a qu'un seul indice dans la phrase : *Mes copains jouent au foot.* Seul le déterminant *mes* indique le pluriel.

4 Écoutez et indiquez si on parle d'une personne de sexe féminin ou masculin. Cochez.   ..... / 6

	1	2	3	4	5	6
un garçon						
une fille						

5 Écoutez et indiquez si on parle de filles, de garçons ou peut-être des deux. Cochez.   ..... / 6

	1	2	3	4	5	6
garçon(s)						
fille(s)						
garçons et filles (on ne sait pas)						

6 Écoutez les déterminants et indiquez si on parle d'une ou de plusieurs choses. Cochez.   ..... / 6

	1	2	3	4	5	6
singulier						
pluriel						

7 Écoutez les déterminants et indiquez si on parle d'une ou de plusieurs choses. Cochez.   ..... / 6

	1	2	3	4	5	6
singulier						
pluriel						

8 Écoutez les déterminants et indiquez si on parle d'une ou de plusieurs personnes. Cochez.   ..... / 6

	1	2	3	4	5	6
singulier						
pluriel						

COMPRÉHENSION DE L'ORAL

Je me prépare

COMPRÉHENSION DE L'ORAL

Le verbe à l'oral

• Pour beaucoup de verbes du 3ᵉ groupe, le radical change au singulier et au pluriel ; cela permet de comprendre de quelle personne il s'agit : *il finit / ils finissent* ; *il veut / ils veulent* ; *il peut / ils peuvent* ; *il va / ils vont* ; *il prend / ils prennent* ; *il attend / ils attendent* ; *il part / ils partent*.

• Mais pour tous les verbes du premier groupe, il n'y a pas de différences sonores et donc, il faut bien écouter le sujet : *je chante, tu chantes, il / ils chante(nt), ils / elles chante(nt), on chante*.

Comptez vos points !

TOTAL ...... /42
🟢 total ≥ 21
🔴 total < 21

9 Écoutez les déterminants et indiquez si on parle d'une ou de plusieurs personnes. Cochez.   ..../ 6

	1	2	3	4	5	6
singulier						
pluriel						

10 Écoutez la terminaison des verbes et indiquez si on parle d'une ou de plusieurs choses. Cochez.   ..../ 12

	1	2	3	4	5	6	7	8	9	10	11	12
singulier												
pluriel												

11 Écoutez et indiquez si on parle d'une ou de plusieurs choses. Cochez.   ..../ 6

	1	2	3	4	5	6
une personne						
plusieurs personnes						
on ne sait pas						

Identifier les temps

Distinguer le présent du passé

À l'oral, il ne faut pas confondre une forme du présent (*je fais*) et du passé (*j'ai fait*). Un seul phonème permet de faire la différence : *je* ≠ *j'ai*.

12 Écoutez et indiquez si on parle du présent ou du passé. Cochez.   ..../ 6

	1	2	3	4	5	6
passé						
présent						

13 Écoutez et indiquez si on parle du présent, du passé ou du futur. Cochez.   ..../ 6

	1	2	3	4	5	6
passé						
présent						
futur						

Je me prépare

Le futur proche et le passé récent

- Le futur proche : aller au présent + verbe à l'infinitif : *Je vais le faire tout de suite.*
- Le passé récent : venir de (au présent) + verbe à l'infinitif : *Il vient de sortir.*

14 Écoutez et indiquez si on parle du passé récent ou du futur proche. Cochez.   ..... / 6

	1	2	3	4	5	6
passé récent						
futur proche						

Comptez vos points !

TOTAL ..... / 18
- total ≥ 9
- total < 9

B Repérer l'intonation

l'intonation

L'intonation est importante pour comprendre s'il s'agit d'une phrase déclarative, interrogative, exclamative ou injonctive (ordre).
– *Tu es d'accord ?*
– *Je ne suis pas d'accord.*
– *Réfléchis encore.*
– *Quel problème !*

15 Écoutez et indiquez si vous entendez une phrase déclarative (affirmative ou négative) ou interrogative. Cochez.   ..... / 6

	1	2	3	4	5	6
déclaration						
interrogation						

16 Écoutez et indiquez si vous entendez une interrogation ou une exclamation. Cochez.   ..... / 6

	1	2	3	4	5	6
interrogation						
exclamation						

l'exclamation

Pour formuler une exclamation, on utilise l'intonation et des mots exclamatifs :
– ***Quel*** *spectacle !*
– ***Comme*** *c'est beau !*
– ***Qu'est-ce qu'****on est bien ici !*

17 Écoutez et indiquez si l'exclamation exprime un sentiment positif ou négatif. Cochez.   ..... / 6

	1	2	3	4	5	6
satisfaction (+)						
déception (–)						

Comptez vos points !

TOTAL ..... / 18
- total ≥ 9
- total < 9

COMPRÉHENSION DE L'ORAL

13

COMPRÉHENSION DE L'ORAL

Je me prépare

C Identifier les chiffres et les lettres à l'oral

■ **Comprendre et noter des numéros de téléphone, des âges et des dates**

18 Quel numéro de téléphone entendez-vous ? Écoutez et cochez.   ..../ 4

1. ☐ 04 34 56 78 89   ☐ 04 36 46 78 99   ☐ 04 34 56 78 99
2. ☐ 06 40 100 67 21 12 ☐ 06 45 67 21 12   ☐ 06 45 77 21 12
3. ☐ 06 89 98 05 87   ☐ 06 49 88 05 27   ☐ 06 89 18 05 87
4. ☐ 01 88 68 81 05   ☐ 01 88 78 81 15   ☐ 01 48 78 81 15

LANGUE — Les nombres

● Attention aux nombres cardinaux au-dessus de 60 en français :
70 : soixante-dix
71 : soixante et onze
72 : soixante-douze
80 : quatre-vingts
81 : quatre-vingt-un
90 : quatre-vingt-dix
91 : quatre-vingt-onze…
1 000 : mille
1 000 000 : un million
1 000 000 000 : un milliard
● Révisez aussi les nombres ordinaux : *premier(ère), deuxième, troisième, quatrième…*

19 Écoutez et attribuez la bonne date à chaque personnage historique. Écrivez le numéro de la phrase à la bonne place dans le tableau.   ..../ 6

	Charlemagne	Jeanne d'Arc,	François Ier	Louis XIV	Louis XVI	Napoléon
Quelle année ?	………	………	………	………	………	………

20 Quel âge ont-ils ? Écoutez et écrivez l'âge en chiffres dans le tableau.   ..../ 6

	Sylvie	Jean-Pierre	Justine	Florian	Romain	Cléo
Quel âge ont-ils ?						

LANGUE — Demander et dire l'âge / sa date de naissance

● Révisez les formules utiles pour demander et dire l'âge :
– *Quel est âge tu as ? / Quel âge avez-vous ? / Quel est son âge ?*
– *J'ai quinze ans. / Il a cinquante ans.*
● Révisez les formules utiles pour demander et dire la date de naissance :
– *Tu es né(e) Quand ?*
– *Je suis né en mars / au mois de mars / le 24 mars 1992.*

21 Écoutez et écrivez en chiffres la date de naissance des jeunes inscrits au cours de peinture dans le tableau.   ..../ 6

	Justine	Florian	Romain	Cléo
Leur date de naissance	………	………	………	………

LANGUE — Les mois de l'année et les saisons

● Citez les douze mois de l'année : *janvier, février,* etc.
● Citez les quatre saisons : *printemps, été,* etc.

Comptez vos points !

TOTAL ..../22
● total ≥ 11
● total < 11

Je me prépare

■ **Comprendre et noter une adresse, l'heure et des horaires**

22 Où habitent-ils ? Écoutez et complétez les adresses par les chiffres. ..../ 8

1	M. Bourge ...., rue Gabriel David .... Le Mesnil Esnard	2	Pierre Bachelet ......, allée Isabelle d'Aragon .... Gif-sur-Yvette
3	Mlle Pierot ...., rue de la Tour Maubourg .... Paris	4	Mme Stéphanie Pouzet ...., av. de Gairaut .... Nice

Donner une adresse

● Révisez les noms de rues : une rue, une place, un boulevard (bd), une avenue (av.), une impasse, le cours, un chemin, une allée, etc.
● Révisez les abréviations : M., Mme, Mlle.

23 Quelle heure est-il ? Écoutez et indiquez l'heure correspondante sur chaque horloge. ..../ 4

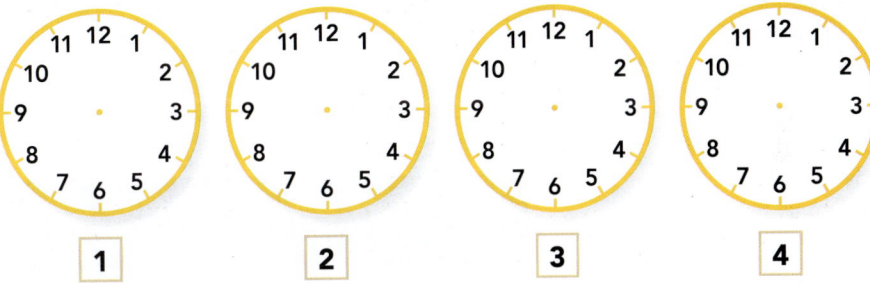

1 2 3 4

l'heure précise et la durée

● Révisez les formules utiles pour demander l'heure d'un rendez-vous :
– C'est à quelle heure ?
– À cinq heures dix. /
À trois heures et quart. /
À six heures et demie. /
À huit heures moins le quart.

● Révisez les formules utiles pour demander la durée d'un rendez-vous :
– De quelle heure à quelle heure ?
– De quatorze heures à dix-sept heures quinze.

24 C'est à quelle heure ? Écoutez et écrivez l'heure entendue sur l'agenda. ..../ 6

Comptez vos points !

TOTAL ...../ 18
● total ≥ 9
● total < 9

COMPRÉHENSION DE L'ORAL

15

COMPRÉHENSION DE L'ORAL

Je me prépare

■ **Comprendre et noter des prix, des distances et des quantités**

25 Écoutez et écrivez les prix que vous entendez. ..../ 4

1

3

2

4

LANGUE
Demander un prix / pour payer

● Révisez les formules pour demander un prix :
– Combien coûte ce pull ? / Il coûte combien ? / Quel est le prix ?
– Ce pull coûte 25,50 €.
● Révisez les formules pour demander combien vous devez payer :
– Combien ça fait ? / Combien je vous dois ?

26 Tanguy programme ses vacances en camping. Écoutez et cochez. ..../ 6

1. ☐ 5 km   ☐ 100 km
2. ☐ 50 mètres au-dessus   ☐ 500 m au-dessous
   ☐ 50 m au-dessous   ☐ 500 m au-dessous
3. ☐ je vais réserver   ☐ je veux réserver
4. ☐ deux   ☐ douze
5. ☐ deux tentes   ☐ des tentes
6. ☐ deux tables   ☐ des tables

Comptez vos points !

TOTAL ...../ 10
● total ≥ 5
● total < 5

16

Je me prépare

Comprendre et noter les lettres de l'alphabet

27 Écoutez et écrivez les noms de famille des adolescents. ..../ 6

Stage de voile - Inscriptions
1. Matthieu .... 4. Agathe ....
2. Jules .... 5. Quentin ....
3. Élodie .... 6. Ludivine ....

Épeler

- nn : deux *n*
- é = *e* accent aigu
- è = *e* accent grave
- ê = *e* accent circonflexe
- ï = *i* tréma
- ç = *c* cédille

28 Écoutez et complétez les adresses des jeunes dans les étiquettes ci-dessous. ..../ 6

1 Nom et prénom : LEROUX Matthieu
Ville : ....

2 Nom et prénom : BISSET Jules
Ville : ....

3 Nom et prénom : GIRAUD Élodie
Ville : ....

4 Nom et prénom : SCHULTZ Agathe
Ville : ....

5 Nom et prénom : PELLERIN Quentin
Ville : ....

6 Nom et prénom : VASSEUR Ludivine
Ville : ....

Comptez vos points !

TOTAL ..../ 12
- total ≥ 6
- total < 6

COMPRÉHENSION DE L'ORAL

17

COMPRÉHENSION DE L'ORAL

Je me prépare

D Comprendre la situation de communication

Repérer les indices de lieux

29 a) Écoutez et écrivez le numéro du dialogue dans la case correspondant au lieu où vous l'entendez. Attention, il y a six dialogues et huit lieux. …/ 6

☐ dans un garage   ☐ chez le fleuriste   ☐ à la poste
☐ sur un terrain de sport   ☐ à la charcuterie   ☐ à la boulangerie
☐ à l'école   ☐ sur la plage

Localiser dans l'espace

Révisez les prépositions, les adverbes et les locutions adverbiales de lieu : *ici / là, là-bas, devant, derrière, en face (de), (au-) dessus (de), (au-) dessous (de), sur, sous, en haut (de), en bas (de), par terre, à gauche, à droite, tout droit, au milieu (de), entre, loin (de), près (de), à côté (de), au bout de, à deux pas de,* etc.

b) Réécoutez les dialogues et retrouvez les mots exacts qui vous ont permis de répondre. …/ 6

....
....
....
....
....

Indiquer un itinéraire

Révisez les formules utiles pour indiquer un itinéraire :
– *Allez tout droit, jusqu'à la place.*
– *Tournez à gauche, à droite.*
– *Prenez la première à droite / à gauche.*
– *Traversez.*
– *Sur votre gauche / droite, vous verrez…,* etc.

30 Écoutez les dialogues et pour chaque dialogue, cochez la séquence de phrase que vous avez entendue. …/ 6

1. ☐ dans mon sac   ☐ devant mon sac
2. ☐ au-dessous de l'armoire   ☐ au-dessus de l'armoire
3. ☐ sur ta chaise   ☐ sous ta chaise
4. ☐ en face de la boulangerie   ☐ face à la boulangerie
5. ☐ à droite   ☐ tout droit
6. ☐ au début de la rue   ☐ au bout de la rue

31 Écoutez les instructions et rayez dans les dialogues l'information qui n'a pas été prononcée …/ 4

1. – Où se trouve le métro le plus proche ?
   – Vous prenez la première rue à gauche, vous faites cent mètres, puis la deuxième à droite.

2. – Je cherche une librairie…
   – Allez jusqu'à la place. Traversez la place. C'est juste en face.

Je me prépare

Comptez vos points !

TOTAL ..... /22
- total ≥ 11
- total < 11

3. – Vous pouvez m'indiquer la rue Jaurès, s'il vous plaît ?
– C'est la rue parallèle à celle-ci. Au feu, prenez à gauche, et vous tomberez sur la rue Jaurès.

4. – Excusez-moi, je cherche le restaurant *Aux délices de Lutèce*.
– Il est rue de la Ferranderie. Vous continuez tout droit jusqu'à la place. Vous traversez la place, vous continuez toujours tout droit et vous prendrez la première rue à droite.

COMPRÉHENSION DE L'ORAL

■ **Repérer les indices de temps**

32 Écoutez et indiquez si la personne qui répond parle du passé, du présent ou du futur. Cochez.   ..../ 6

1. ☐ passé ☐ présent ☐ futur   4. ☐ passé ☐ présent ☐ futur
2. ☐ passé ☐ présent ☐ futur   5. ☐ passé ☐ présent ☐ futur
3. ☐ passé ☐ présent ☐ futur   6. ☐ passé ☐ présent ☐ futur

Révisez les adverbes et locutions adverbiales de temps (par rapport au moment où on parle) :
– du présent : *aujourd'hui, maintenant, tout de suite* ;
– du futur : *demain, après-demain, plus tard, tout à l'heure, après, dans deux jours* ;
– du passé : *hier, avant-hier, avant, il y a deux jours*.

Comptez vos points !

TOTAL ..... /6
- total ≥ 3
- total < 3

■ **Identifier les personnes qui parlent**

33 Écoutez et identifiez les interlocuteurs. Écrivez le numéro du dialogue dans la case correspondante.   ..../ 6

☐ deux camarades de classe

☐ un père et sa fille

☐ un vendeur et sa cliente

☐ une frère et une sœur

☐ une prof et un élève

☐ une secrétaire et son supérieur

Comptez vos points !

TOTAL ..... /6
- total ≥ 3
- total < 3

19

Je m'entraîne

COMPRÉHENSION DE L'ORAL

A Comprendre des messages au téléphone

1 Écoutez les messages et associez-les à ceux qui les ont enregistrés.

a ....   b ....   c ....   d ....

2 Tanguy téléphone à son copain. Réécoutez le message 1 de l'exercice 1 et répondez.

1. À quel numéro peut-on joindre la famille Gaucher ? ....

2. Il est possible d'appeler sur les portables.
   ❏ vrai ❏ faux ❏ on ne sait pas

3. Les Gaucher seront absents : ❏ à partir du 15 août.
   ❏ jusqu'au 15 août.
   ❏ jusqu'au 5 août.

4. Les Gaucher ont accès à Internet.
   ❏ vrai ❏ faux ❏ on ne sait pas

Les moyens de communication

Révisez le lexique des moyens de communication : *un téléphone, une messagerie, un répondeur / serveur vocal, un courriel, Internet,* etc.

3 Tanguy voulait aller au cinéma. Réécoutez le message 2 de l'exercice 1 et répondez.

1. Jusqu'à quelle date le cinéma est-il fermé ? ....

2. Toutes les salles sont fermées. ❏ vrai ❏ faux ❏ on ne sait pas

3. La rénovation du cinéma concerne :

   a. le système de projection.   ❏ vrai ❏ faux ❏ on ne sait pas

   b. le confort de la salle.   ❏ vrai ❏ faux ❏ on ne sait pas

   c. l'amélioration du système sonore.   ❏ vrai ❏ faux ❏ on ne sait pas

4. La programmation sortira le 15 septembre.
   ❏ vrai ❏ faux ❏ on ne sait pas

5. Le site Internet du cinéma est : ❏ www.mercury.com
   ❏ www.cinemamercury.fr
   ❏ www.cinemamercury.com

Je m'entraîne

Le corps humain et la santé

- Révisez les noms des parties du corps : *la tête, les bras*, etc.
- Révisez les expressions liées au corps : *j'ai mal, j'ai faim, j'ai soif*, etc.
- Révisez le lexique de la santé : *un médecin généraliste, un pédiatre, un(e) psychologue, un chirurgien, un dentiste, un(e) infirmier(ère), un / une aide soignant(e), un(e) pharmacien(ne), un cabinet, un hôpital, une clinique, une pharmacie, une ordonnance, un médicament.*

4 Le petit cousin de Tanguy et Axelle est malade. Réécoutez le message 3 de l'exercice 1 et répondez.

1. Le docteur Jean Delattre est : ❏ médecin généraliste.
❏ médecin pour les personnes âgées.   ❏ médecin pour les enfants.

2. Notez les deux numéros de téléphone indiqués :

a. le docteur Joly : ....

b. le docteur Darcourt : ....

3. Le docteur réouvre son cabinet :
❏ le 01/09.   ❏ le 01/11.   ❏ le 31/09.

5 Axelle veut aller à la médiathèque. Réécoutez le message 4 de l'exercice 1 et répondez.

1. La médiathèque pendant l'été : ❏ est ouverte comme d'habitude.
❏ est fermée.
❏ a des horaires spéciaux.

2. Remplissez le tableau des horaires.

	lundi	mardi	mercredi	jeudi	vendredi	samedi
9 h						
10 h						
11 h						
12 h						
13 h						
14 h						
15 h						
16 h						
17 h						
18 h						
19 h						

3. La médiathèque pendant l'été propose des films nouveaux.
❏ vrai   ❏ faux   ❏ on ne sait pas

6 Tanguy téléphone à son opérateur de téléphonie mobile. Écoutez et répondez.

1. Il voudrait modifier son annonce d'accueil, sur quelle touche doit-il appuyer ? ....

2. Il a envie de réécouter le dernier message d'Anna, sur quelle touche doit-il appuyer ? ....

COMPRÉHENSION DE L'ORAL

Je m'entraîne

7 Tanguy a éteint son portable pendant les cours. Il écoute ses messages après les cours. Écoutez et répondez.

1. Qui lui a envoyé un message ? (Plusieurs réponses sont possibles.)
❏ son père ❏ sa mère ❏ sa copine Anna ❏ sa copine Emma
❏ son copain Antonin ❏ son copain Antoine

Message 1 :

2. Qu'est-ce que Tanguy doit faire ?
❏ acheter des pâtes ❏ acheter du pain
❏ faire bouillir de l'eau pour les pâtes ❏ mettre la table

3. De quel repas s'agit-il ?
❏ du petit déjeuner ❏ du déjeuner ❏ du dîner

Message 2 :

4. Anna propose d'aller chez elle.
❏ vrai ❏ faux ❏ on ne sait pas

5. Anna propose de voir ensemble un film : ❏ comique.
❏ dramatique. ❏ un dessin animé. ❏ d'horreur. ❏ d'aventure.

6. Anna a invité uniquement Tanguy.
❏ vrai ❏ faux ❏ on ne sait pas

7. Les parents d'Anna sortent au restaurant.
❏ vrai ❏ faux ❏ on ne sait pas

Message 3 :

8. À quelle heure est le rendez-vous ? ....

9. Comment les jeunes du club se déplaceront-ils ?
❏ en voiture ❏ en car ❏ en train

10. Pourquoi le copain rappelle-t-il à Tanguy de prendre à manger ?
❏ Parce qu'ils rentreront tard.
❏ Parce que la fois précédente, Tanguy n'avait rien à manger et son copain a dû lui donner des choses à manger.
❏ Parce que cette fois-ci, Tanguy doit prendre des sandwichs pour deux.

8 Axelle veut aller au cirque avec sa famille. Elle veut des informations sur le prix des places. Écoutez et répondez.

Première partie de l'enregistrement

1. Sur quelles touches Axelle doit-elle appuyer ?

D'abord ...., puis ....

Deuxième partie de l'enregistrement

1. Quel jour n'y a-t-il pas de spectacle ? ....

2. Quels jours y a-t-il deux spectacles ? ....

3. Combien coûte la place la plus chère ? ....

4. Combien coûte la place la moins chère ? ....

5. À quels fauteuils correspond la place à 20 € ?
❏ zone A ❏ zone B (1er balcon) ❏ zone C (2e balcon) ❏ dernier rang

Je m'entraîne

B Comprendre des annonces

Dans une gare ou dans un train

9 Il est 18 h 45. Tanguy va chercher un ami à la gare. Écoutez et répondez.

1. Son ami arrive de Lyon. À quelle voie doit-il l'attendre ? ....
2. À quelle heure l'ami de Tanguy va-t-il arriver ? ....

10 Axelle est dans le train. Il s'arrête dans la campagne. Écoutez et cochez.

1. Il y a un problème technique : ☐ dans le train. ☐ en dehors du train.
2. Le retard sera de : ☐ 5 minutes. ☐ 15 minutes. ☐ 25 minutes.
3. Les voyageurs : ☐ peuvent descendre du train. ☐ ne peuvent pas descendre du train.

Dans un aéroport ou dans un avion

11 Tanguy fait son premier voyage seul en avion. Écoutez et répondez.

1. Tanguy part à Lyon chez ses cousins. Avec quelle compagnie Tanguy voyagera-t-il ?
   ☐ Air France ☐ Ibéria ☐ KLM
2. À quelle porte doit-il se présenter ? ....

12 Écoutez l'hôtesse et insérez dans la phrase le numéro correspondant aux mots manquants.

1. à bord de   5. équipage
2. toilettes   6. sécurité
3. commandant   7. voyage
4. compagnie   8. Airbus

Le ☐ M. Martin et son ☐ sont heureux de vous accueillir ☐ cet ☐ A 320 de la ☐ Air France à destination de Lyon. Les hôtesses vont procéder aux démonstrations de ☐. Nous rappelons que ce vol est non fumeur et qu'il est interdit de fumer dans les ☐ sous peine d'amende. Un dispositif anti-incendie serait immédiatement activé. Nous vous souhaitons un agréable ☐.

COMPRÉHENSION DE L'ORAL

COMPRÉHENSION DE L'ORAL

Je m'entraîne

Les moyens de transport

Révisez le lexique du train et de l'avion :
– un train, un wagon (voiture), un compartiment, une place, un contrôleur, une voie ;
– un aéroport, une aérogare, un vol, un avion, un appareil, une hôtesse de l'air, un commandant, un pilote, un équipage, une ceinture de sécurité.

13 Tanguy est dans un avion et il y a des perturbations. Il écoute l'hôtesse de l'air. Écoutez et cochez.

1. Tanguy entend ce message :
❏ au début du vol. ❏ en vol. ❏ à l'arrivée.

2. L'hôtesse demande : ❏ de ne pas bouger.
❏ de retourner s'asseoir. ❏ d'attacher sa ceinture.

14 Tanguy va débarquer à Lyon. Écoutez et cochez.

1. La température extérieure est de :
❏ 5 degrés. ❏ 11 degrés. ❏ 15 degrés.

2. On peut déjà enlever sa ceinture. ❏ vrai ❏ faux ❏ on ne sait pas

3. Il est encore interdit de fumer. ❏ vrai ❏ faux ❏ on ne sait pas

4. On peut allumer les portables. ❏ vrai ❏ faux ❏ on ne sait pas

Dans un magasin

15 Axelle est dans un grand magasin. Écoutez et répondez.

1. De quoi s'agit-il ? ❏ d'une vente promotionnelle
❏ d'un jeu
❏ d'une présentation de livres

2. À quel étage se passe l'événement ? ………… étage

3. Sur quoi porte l'événement ?
❏ sur l'histoire ❏ sur la géographie ❏ sur la littérature

4. Qu'est-ce qu'on gagne ? (Plusieurs réponses sont possibles.)
❏ des guides ❏ des documentaires sur les pays
❏ des livres de photos ❏ un DVD

C Comprendre des extraits d'émissions de radio

Des publicités

16 Tanguy écoute la radio. Écoutez et cochez.

1. Quel est le domaine concerné par la publicité ?
❏ l'école ❏ la famille ❏ la cuisine

2. Quel est le produit vendu ? ❏ des surgelés à cuire
❏ des plats exotiques ❏ des plats surgelés déjà prêts

3. Pourquoi Théo est-il surpris ?
❏ Sa mère fait rarement de bonnes choses.
❏ Sa mère travaille et n'a pas le temps de faire la cuisine.
❏ Sa mère ne fait jamais de couscous.

Je m'entraîne

Les fournitures scolaires

Trouvez le plus de noms d'objets possibles qui se rapportent à l'école : *un cartable, une trousse…*

🔴 **17** C'est la rentrée des classes. Axelle prépare son sac. Écoutez et répondez.

1. Qui fait cette publicité ?
❏ une papeterie ❏ un grand magasin
❏ un catalogue par correspondance

2. De quels avantages parle-t-on ? (Plusieurs réponses sont possibles.)
❏ le prix ❏ la variété ❏ la qualité

■ **La météo**

Les comparatifs de qualité

● *plus + adjectif + que* :
Les températures sont plus élevées qu'avant.
● *moins + adjectif + que* :
Les températures sont moins élevés.
● *aussi + adjectif + que* :
Les températures sont aussi basses qu'avant.

🔴 **18** Axelle allume la radio pour écouter la météo. Écoutez et répondez.

1. Est-ce qu'il va faire beau à Paris ? ❏ oui ❏ non ❏ on ne sait pas
2. Est-ce qu'il va faire beau à Nice ? ❏ oui ❏ non ❏ on ne sait pas
3. Est-ce qu'il va faire beau à Strasbourg ? ❏ oui ❏ non ❏ on ne sait pas
4. Les températures sont : ❏ plus élevées qu'avant.
❏ moins élevées qu'avant. ❏ les mêmes qu'avant.
5. Quelle température fait-il à Paris ? …… Sur la Côte d'Azur ? ……

La météo

Révisez les formes impersonnelles pour dire le temps qu'il fait :
– il fait beau / mauvais ;
il fait chaud / froid ;
– il pleut, il neige ;
– il y a du vent, du brouillard, du soleil.

■ **Les informations**

🔴 **19** Axelle écoute les informations à la radio. Écoutez et répondez.

1. Quelle heure est-il ? ……………………………………………
2. Dans quel ordre sont données les nouvelles ? Numérotez-les.
❏ Culture ❏ Informations sur le monde
❏ Sciences ❏ Sports
3. La coupe du monde de football :
❏ va commencer. ❏ a commencé. ❏ s'est terminée.
4. a. Qu'est-ce qui s'est passé en Indonésie ?
❏ un raz de marée ❏ un tremblement de terre ❏ des inondations

COMPRÉHENSION DE L'ORAL

25

COMPRÉHENSION DE L'ORAL

Je m'entraîne

Les pays et les nationalités

Révisez les noms de pays et la nationalité qui leur est associée :
Espagne, espagnol(e) ;
Chine, chinois(e) ;
Russie, russe ; Iran,
Iranien / iranienne, etc.

b. Combien de subventions en dollars demande l'ONU pour aider les Indonésiens ? ....

5. Quel prix a obtenu le film français au festival de Cannes ?
❏ La Palme d'or   ❏ Le grand prix du Jury
❏ Le prix d'interprétation féminine

6. La nouvelle grotte retrouvée contient des gravures préhistoriques très intéressantes. ❏ vrai ❏ faux ❏ on ne sait pas

■ Des interviews

20 Tanguy adore le chanteur Dominique B. Écoutez l'interview et répondez.

1. De quoi parlent la journaliste et le chanteur ?
❏ des concerts du chanteur
❏ de la façon de chanter en différentes langues
❏ de l'orchestration des chansons

2. En quelle langue, autre que le français, chante Dominique B ?
a. ....
b. ....

Les comparatifs irréguliers

Révisez les comparatifs irréguliers :
– bon : meilleur... que ;
– mauvais : pire, plus mauvais... que ;
– bien : mieux ... que.

3. Pour Dominique B, chaque langue a ses caractéristiques et la voix change.
❏ vrai ❏ faux ❏ on ne sait pas

4. Pour Dominique B, ce qui compte dans une chanson, c'est la beauté du texte.
❏ vrai ❏ faux ❏ on ne sait pas

■ Une recette

21 Écoutez cette recette à la radio et répondez.

1. Quels sont les instruments nécessaires pour faire cette recette ? Cochez.

 a ❏    b ❏    c ❏    d ❏

 e  ❏    f ❏    g ❏    h ❏

2. Quelle est la quantité indiquée dans la recette pour chaque ingrédient ? Notez-la.

a  ......   b  ......   c  ......   d 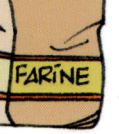 ......

26

Je m'entraîne

e ...... f ......

 L'impératif

L'impératif est beaucoup utilisé à la 2ᵉ personne du singulier et du pluriel, et moins à la 1ʳᵉ personne du pluriel. Le pronom sujet disparaît.
– *Prenez de la farine, mélangez.*
– *Tourne à gauche, traverse.*

3. À quelle température sera le four ? .... degrés

4. Dans quel ordre met-on les ingrédients ? Numérotez les ingrédients.

5. Combien de temps le gâteau va-t-il cuire au four ? .... minutes.

D Comprendre des conversations

Un itinéraire   Écoutez le dialogue entre Tanguy et son copain qui doit lui rendre visite et dessinez l'itinéraire à suivre sur le plan.

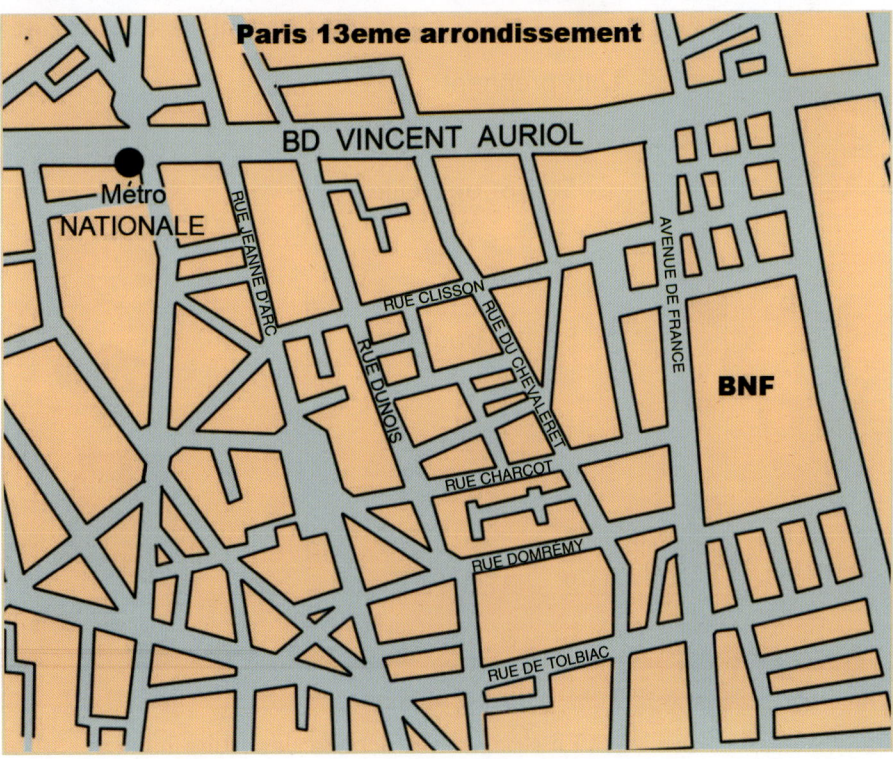

COMPRÉHENSION DE L'ORAL

27

COMPRÉHENSION DE L'ORAL

Je m'entraîne

■ **Des conversations dans un magasin**

LANGUE — Les pronoms démonstratifs

Révisez les pronoms démonstratifs :
celui-ci / là, celle-ci / là, ceux-ci / là, celles-ci / là. Les particules *-ci* et *-là* peuvent être accrochées au nom : *ce modèle-ci, ce modèle-là*.

23 Axelle entre dans une boutique pour s'acheter des pantalons. Écoutez et cochez.

1. Quel pantalon Axelle va-t-elle essayer ?

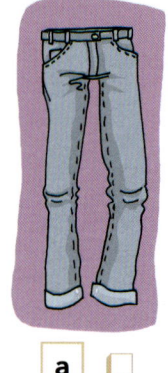 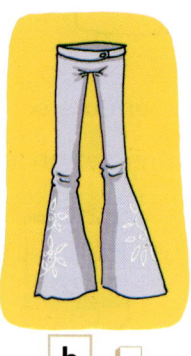 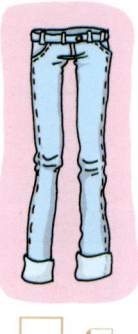 

a ☐   b ☐   c ☐   d ☐

2. Dans quel tissu ?   ☐ jean   ☐ coton léger   ☐ lin

3. Dans quel coloris ?

☐   ☐   ☐   ☐   ☐   ☐   ☐

4. En quelle taille ?   ☐ 36   ☐ 38   ☐ 40   ☐ 42

5. Quel est le prix ?   ☐ 19,40 €   ☐ 20,90 €   ☐ 24,90 €   ☐ 90,40 €

LANGUE — Les aliments

Révisez le lexique de l'alimentation : *la viande, les légumes, les fruits, le pain…*

24 Tanguy et Axelle font des courses au supermarché pour la fête qu'ils vont organiser. Écoutez et répondez.

1. Ils prennent :

a

☐ 2 ☐ 3 ☐ 4
☐ 5 ☐ 6 bouteilles

b

☐ 2 ☐ 3 ☐ 4
☐ 5 ☐ 6 bouteilles

c

☐ 2 ☐ 3 ☐ 4
☐ 5 ☐ 6 bouteilles

d

☐ 2 ☐ 3 ☐ 4
☐ 5 ☐ 6 bouteilles

e

☐ 1 ☐ 2 ☐ 3 ☐ 4
☐ 5 ☐ 6 paquets

f

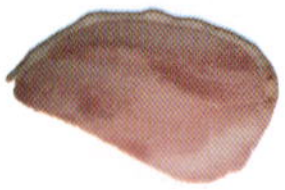

☐ vrai ☐ faux
☐ on ne sait pas

g

☐ vrai ☐ faux
☐ on ne sait pas

h

☐ vrai ☐ faux
☐ on ne sait pas

i

☐ vrai ☐ faux
☐ on ne sait pas

2. Qui s'occupe d'acheter les fruits ? ……………………………………

Je m'entraîne

COMPRÉHENSION DE L'ORAL

■ **Des propositions, des accords, des refus**

25 Axelle et Tanguy réfléchissent à un cadeau pour la fête des mères. Écoutez et cochez.

1. Qu'est-ce que les deux jeunes ont décidé d'acheter à leur mère ?
☐ un parfum ☐ un portefeuille ☐ un foulard

2. Où décident-ils d'aller acheter leur cadeau ?
☐ dans une boutique ☐ dans un grand magasin ☐ on ne sait pas

3. Combien veulent-ils dépenser au maximum ?
☐ 15 € ☐ 20 € ☐ 25 € ☐ 30 € ☐ 50 €

4. Comment sera le cadeau ? ☐ en cuir ☐ en plastique ☐ en toile

5. Qui va aller acheter le cadeau ?
☐ Tanguy et Axelle ☐ Axelle toute seule ☐ Axelle et une amie

6. Tanguy est très occupé pendant la semaine.
☐ vrai ☐ faux ☐ on ne sait pas

26 Axelle appelle sa copine pour lui faire une proposition. Écoutez et répondez.

1. Axelle propose : ☐ d'aller au musée du Louvre.
☐ d'aller voir un film. ☐ de faire une recherche sur Léonard de Vinci.

2. Marine : ☐ accepte tout de suite. ☐ hésite. ☐ refuse.

3. Marine : ☐ déteste Audrey Tautou. ☐ est indifférente.
☐ aime beaucoup Audrey Tautou.

4. À quelle heure les deux amies se retrouveront-elles ? ....

5. Pourquoi Marine choisit-elle cette heure ?
☐ Parce qu'elle sort avec des copains le soir.
☐ Parce qu'elle sort avec ses parents le soir.
☐ Parce que c'est trop tard.

6. Elles pourront avoir le tarif réduit.
☐ vrai ☐ faux ☐ on ne sait pas

LANGUE — *Proposer, accepter, refuser,*

Révisez les formules utiles :
– pour proposer une sortie :
Et si on allait au cinéma… ?
Ça te dirait d'aller au cinéma ?
On pourrait aller au cinéma… ?
Je te propose d'aller au cinéma.
– pour accepter une proposition : *oui, volontiers, d'accord, super, tout à fait.*
– pour refuser une proposition : *désolé(e), je regrette, ce n'est pas possible.*
– pour exprimer l'hésitation : *bof… je ne sais pas.*

LANGUE — *Parler au téléphone*

Révisez les formules utiles :
– pour demander poliment quelque chose :
Je voudrais parler à…,
Est-ce que je pourrais parler à…
Est-ce que Marine est là, s'il vous plaît ?
– pour faire patienter : *un petit instant, je l'appelle, ne quittez pas.*

LANGUE — *Le cinéma*

Révisez le lexique du cinéma :
une salle, une séance, un ticket, un film, un rôle, un acteur / une actrice, tarif plein, tarif réduit, etc.

29

COMPRÉHENSION DE L'ORAL

Je m'entraîne

LANGUE — Donner son avis

- Révisez les formules pour exprimer son goût :
  – j'aime, j'adore, je déteste ;
  – j'aime beaucoup / bien / un peu / pas trop / assez.
- Révisez les formules pour exprimer une appréciation :
  – c'est super, c'est très bien, c'est bien, c'était formidable ;
  – c'est moyen, c'est nul, c'est horrible, c'est mauvais.

■ Des avis, des opinions

27 Tanguy raconte à ses amis sa finale de basket. Écoutez et répondez.

1. L'équipe de Tanguy a gagné. ❏ vrai ❏ faux ❏ on ne sait pas

2. Le jour de la finale, il manquait :
❏ deux joueurs. ❏ trois joueurs. ❏ quatre joueurs.

3. L'équipe : ❏ était sûre de gagner. ❏ sûre de perdre. ❏ incertaine.

4. L'entraîneur : ❏ s'est mis en colère.
❏ a donné du courage aux jeunes. ❏ n'a rien dit.

5. Quel est le résultat pour l'équipe de Tanguy ? .... points.

6. Quelle phrase Tanguy dit-il exactement en conclusion ?
❏ Il ne faut jamais se décourager.
❏ Se décourager ne sert à rien.
❏ Il faut toujours être encouragé.

28 Axelle et Tanguy se disputent. Écoutez et répondez.

1. De quel objet parle-t-on ?

❏    ❏    ❏

2. Pourquoi Tanguy demande-t-il cet objet ?
❏ Parce qu'il l'a cassé. ❏ Parce qu'il l'a perdu.
❏ Parce qu'il n'en a pas.

3. Axelle au début : ❏ accepte. ❏ refuse. ❏ ne répond pas.

4. Pourquoi ? ❏ Elle en a besoin. ❏ Elle doit le prêter à ses copines.
❏ Elle l'a perdu.

5. Pourquoi Tanguy le veut-il ? ❏ Il doit faire un trajet en bus.
❏ Il a une heure sans cours au lycée.
❏ Il a terminé ses devoirs.

6. Tanguy fait comprendre à sa sœur qu'il :
❏ ne l'aidera plus à faire ses devoirs.
❏ ne lui prêtera plus de DVD.
❏ ne verra plus ses copines.

7. À la fin Axelle :
❏ refuse toujours.
❏ accepte pour cette fois.
❏ accepte pour toujours.

Compréhension des ÉCRITS

Qu'est-ce qu'on vous demande ?

 Vous lirez des documents courts et relativement simples (200 mots au maximum), relatifs à des situations de la vie quotidienne. Vous devrez répondre à des questionnaires de compréhension :

• des questions vrai / faux, parfois avec une justification à trouver ;
• des questions à choix multiple ;
• des images à faire correspondre ;
• des informations ou des explications brèves à écrire.

Quelques conseils pour lire les documents

 Dans la partie Je me prépare, vous allez apprendre à comprendre un document écrit en repérant les informations importantes. Dans la partie Je m'entraîne, vous allez appliquer cette méthode sur des documents variés.

 Procédez de la façon suivante :

• **Ne vous précipitez pas** sur les questions.
• **Regardez d'abord le document proposé :** sa forme, les photos éventuelles, les titres, les sous-titres, les mots en caractères gras ou en majuscules.
• **Prenez ensuite le temps de lire** calmement le document, de le comprendre globalement.
• **Posez-vous les questions suivantes :** Quelle est l'information principale ? Que veut dire l'auteur du document ? Quel est son message ?
• **Relisez** le document en détails.
• **Ne vous inquiétez pas** si vous ne connaissez pas **vraiment tous les mots.** Essayez d'en déduire le sens d'après le contexte.
• Enfin seulement, **lisez les questions posées** calmement et cherchez les éléments de réponse.

Je me prépare

COMPRÉHENSION DES ÉCRITS

Dix documents vous sont proposés ici. Les activités sur ces documents commencent à la page 35. Faites-les dans l'ordre. Lisez d'abord chaque document.

Document n° 1

Objet : festival de Cannes
Date : 15 mai
De : Axelle
À : Julie

Coucou de Cannes. Notre voyage de classe est super. Le célèbre festival du film a commencé samedi dernier. Hier mardi, on est allés devant le palais des festivals pour voir les acteurs et les actrices. J'ai un autographe d'Audrey Tautou ! On a même vu un film en compétition. J'ai adoré. Nous rentrons samedi. Je t'appellerai dès mon retour.

Axelle

Document n° 2

L'aventure de la coupe du monde

Du 9 juin au 9 juillet, c'est la Coupe du Monde de la FIFA 2006 en Allemagne !

Du 9 juin au 9 juillet en Allemagne se déroulera la coupe du monde de football.
Sur les 32 pays tirés au sort et après 64 matches joués dans différentes villes d'Allemagne, on saura le dimanche 9 juillet qui sera le vainqueur de la 17e édition de la coupe du monde de football.

Document n° 3

Mardi 4 juin

TF1	France 2	France 3
18.55 **Qui veut gagner des millions ?** Jeu	18.55 **On a tout essayé** Divertissement	18.35 **Questions pour un champion** Jeu
19.50 **Magazine du consommateur**	19.50 **Bande de Houf** Série humoristique	19.00 **Journal régional**
19.55 **Météo**	19.55 **Météo 2**	19.30 **Journal national**
20.00 **Journal**	20.00 **Journal**	20.05 **Météo**
20.35 **Ensemble pour la diversité** Interview de personnalités du monde du spectacle	20.35 **Images du jour** Tennis Roland Garros	20.10 **Tout le sport**
	20.40 **Météo 2**	20.15 **Tennis Roland Garros**
20.40 **Le résultat des courses.** Magazine hippique	20.45 **Point route**	20.17 **Conso Mag** Magazine des consommateurs
	20.50 **Parlons conso** Magazine du consommateur	20.20 **Plus belle la vie** Feuilleton réaliste
20.50 **Commissaire Moulin.** Téléfilm policier	20.55 **À vous de juger** Magazine d'information	20.55 **La chute du Faucon noir** Film de guerre

Document n° 4

a)
TANGUY
4 juin 16 H 15
On va au ciné ce soir ? 19 h 30 : L'âge de glace. Rendez-vous devant le Gaumont, Odéon.
OPTION   RETOUR

b)
EVA
4 juin 16 H 15
Désolée. Ce soir je regarde le Commissaire Moulin à la télé.
OPTION   RETOUR

c)
JULES
4 juin 16 H 15
Ce soir, c'est la finale de tennis de Rolland Garros. J'ai eu des places. ☺ Merci quand même.
OPTION   RETOUR

d)
LÉO
4 juin 16 H 15
D'accord, je viens. À tout à l'heure.
OPTION   RETOUR

Document n° 5

L'ÂGE DE GLACE 2

Genre : Film d'animation
Limite d'âge : Pour jeunes
Durée : 86 mn
Origine : Américain
Année de réalisation : 2005

La planète se réchauffe. Pour Manny le mammouth solitaire, Sid le paresseux et Diego le tigre sournois, la vie est plus facile. Mais les problèmes ne sont pas terminés ! Avec la chaleur, le barrage de glace qui protège le pays de l'océan fond et l'eau menace d'envahir les terres. Les trois héros doivent vite partir le plus loin possible de la mer : un voyage bien dangereux…

Je me prépare

Document n° 6

a

b

c

Document n° 7

Vos opinions sur *L'âge de glace 2*

Bouboule. 04 / 06 / 2006
À la hauteur du premier
Malgré un scénario simpliste, le film n'est pas décevant : de nouveaux personnages sympas, l'écureuil encore plus drôle qu'avant et le trio toujours aussi marrant. Tout cela avec des images magnifiques... Je pense que c'est une belle réussite.

Babaorum 02 / 06 / 2006
Sympa... voilà
Ce film n'est pas mal, mais j´ai été déçue par rapport au premier. L´histoire est originale, mais à force de vouloir faire toujours plus drôle, c´est parfois exagéré. Par exemple, l´écureuil en fait trop. Sinon, on passe quand même un moment agréable.

Cendrillon 02 / 06 / 06
Allez le voir de toute urgence. Peu importe votre âge !
Encore mieux que le premier, il y a une réelle histoire et on n'a pas besoin d'avoir vu le premier pour apprécier le second. Du rire toutes les cinq minutes, et ce n'est jamais ennuyeux.

Document n° 8

L'île de Ré

Une réputation qui n'est pas surfaite.

L'île de Ré est une destination « toute l'année »

L'île de Ré est petite (32 km de long, entre 5 km et 100 m de large !), mais elle a beaucoup de charme et de caractère.

Reliée au continent depuis mai 1988 par un superbe pont de 3 km de long, elle est toute proche de La Rochelle.

L'île de Ré possède de jolis petits villages répartis le long de ses côtes. Chacun a son caractère, mais les murs blancs et les volets verts, comme les roses, sont typiques.

On peut facilement parcourir l'île à vélo pour découvrir des paysages variés : les vignobles, les marais salants, ou les ports et les plages de sable fin. On peut louer des vélos partout.

L'ensoleillement exceptionnel et la lumière douce de l'île de Ré attirent de nombreux peintres.

Je me prépare

COMPRÉHENSION DES ÉCRITS

Document n° 9

Clafoutis aux cerises (La recette de Martine)

Préparation : 20 mn
Cuisson : 50 mn
Repos : 0 mn
Temps total : 70 mn

Difficulté : facile

Pour 8 personnes :
– 600 g de cerises fraîches
– 90 g de farine
– 2 œufs
– 90 g de sucre
– 250 ml de lait
– 60 ml de crème fraîche épaisse
– 50 g beurre fondu
– 2 sachets de sucre vanillé
– sucre glace

1 / Beurrer et fariner un moule.
2 / Enlever les noyaux des cerises.
3 / Disposer les cerises dans le fond du moule.
4 / Dans un saladier, mettre la farine, les œufs et bien mélanger. Ajouter le sucre en poudre, le sucre vanillé, le lait, la crème et le beurre. Mélanger.
5 / Verser la pâte sur les cerises et faire cuire 50 minutes à 180 °C.
6 / Saupoudrer de sucre glace et servir tiède.

Document n° 10

Débat : Pensez-vous qu'il soit plus important de ressembler aux autres ou de s'en distinguer ?

Moi, je dis qu'il faut être soi-même. Par exemple, on peut voir une nouvelle mode de porter des ceintures en laine et se dire : « Tiens, c'est joli, je vais en porter moi aussi. ». Mais il ne faut surtout pas penser : « Je vais mettre des ceintures en laine parce que mes amies les portent, sinon qu'est-ce qu'elles vont penser de moi. ». Je crois qu'on peut suivre la mode si la mode nous plaît, mais si on agit pour faire comme les autres, je trouve que c'est négatif. Moi, je me fiche de ce que pensent les autres, je fais quelque chose parce que ça me plaît. Donc, la question posée ne me concerne pas : je ne veux pas ressembler aux autres, mais je ne veux pas non plus être différente à tout prix. Je veux être moi.

Noémie

15 juin

Je me prépare

A La situation d'énonciation

La nature du document

1 Retrouvez le genre de chaque document. Écrivez le numéro dans la bonne colonne. Attention : il peut y avoir plusieurs documents par colonne.   …/ 10

écriteau	article informatif de journal	dépliant touristique	texte d'opinion (Internet ou journal)	texto	présentation de film	programme	courriel	recette

L'émetteur et le destinataire

2 Classez les documents en fonction de l'émetteur (celui qui écrit) et du destinataire (celui à qui on écrit). Écrivez le numéro dans la bonne colonne.   …/ 20

	L'émetteur parle de lui ou donne son opinion	L'émetteur n'est pas connu	Le destinataire est privé	Le destinataire est public
document n°				

CONSEIL

Avant de lire un message, regardez :
– où on peut le trouver (dans un journal, dans la rue, sur Internet, etc.) ;
– qui l'a écrit et pour qui, pour cela regardez la signature, les pronoms personnels (*moi, je, vous*, etc.).

3 Observez les textos et dites pour chacun qui écrit et à qui ?   …/ 8

a. texto de ………………………… à …………………………
b. texto de ………………………… à …………………………
c. texto de ………………………… à …………………………
d. texto de ………………………… à …………………………

4 Précisez pour les documents 1, 2, 3, 4, 7 et 10 où et quand ils ont été écrits, si on le sait.   …/ 6

	1	2	3	4	7	10
Où ?						
Quand ?						

Comptez vos points !

TOTAL …… /44
🟢 total ≥ 22
🔴 total < 22

COMPRÉHENSION DES ÉCRITS

35

COMPRÉHENSION DES ÉCRITS

Je me prépare

B Le thème général et le but du document

Les mots-clés

5 Observez le document 3 et cochez. ..../ 1

Les sigles ou mots en haut des colonnes sont :
- ❑ des noms d'émissions.
- ❑ des régions de France.
- ❑ les noms de chaînes de télévision.

> **CONSEIL**
>
> Avant de lire tout un document, regardez :
> – le titre et les sous-titres ;
> – les photos qui l'accompagnent.
> Vous pourrez ainsi faire des hypothèses sur le contenu.

6 Observez le document 2 et répondez. ..../ 1

Quel est le mot le plus important du titre ?

....

7 Observez le document 5 et répondez. ..../ 1

Qu'est-ce que *L'âge de glace* ? Quel mot nous le dit ?

....

8 Observez le document 8 et répondez. ..../ 1

Quel mot du sous-titre permet de comprendre qu'on parle de voyage ?

....

9 Lisez le document 5 et trouvez la cause des aventures des héros. Écrivez les deux informations importantes qui ont servi d'indices. ..../ 2

1. ....
2. ....

10 Lisez le titre du document 10 et cochez. ..../ 1

Quel sera le thème traité ?
- ❑ Comment s'habiller.
- ❑ Comment ressembler aux autres.
- ❑ Est-il important de ressembler aux autres ?

Les informations essentielles

11 Observez le document 3 et répondez. ..../ 5

1. Quelles sont les émissions sportives ?

a. ....

b. ....

c. ....

36

Je me prépare

La télévision

Révisez les noms des émissions télévisées : une série, un téléfilm, un feuilleton, la publicité, etc.

CONSEIL

Pour repérer une information, on parcourt le texte rapidement sans lire tous les mots individuellement. On s'aide des indications chiffrées, des mots en caractères différents (plus gros, gras, etc.).

Les unités de mesure

- km : kilomètre
  m : mètre
  cm : centimètre
  mm : millimètre
- kg : kilogramme
  hg : hectogramme
  g : gramme
- l : litre
  ml : millilitre
  dl : décilitre
  cl : centilitre

Le but du document

Comptez vos points !

TOTAL ...... /32
- total ≥ 16
- total < 16

2. À quelle heure on peut voir un film ou un téléfilm ?

a. ....

b. ....

12 Observez le document 9. ..../ 2

a) Vous voulez faire la recette et vérifier très vite si vous avez besoin de lait et de beurre. Cochez.

1. lait : ☐ oui ☐ non   **2.** beurre : ☐ oui ☐ non

b) Pour trouver l'information, vous avez été :

☐ pas rapide   ☐ assez rapide   ☐ très rapide

13 Observez le document 8 et cochez. ..../ 4

Quelles indications chiffrées sont données ?
☐ la longueur de l'île ☐ la largeur de l'île ☐ la surface de l'île
☐ la distance entre l'île et le continent ☐ la distance de La Rochelle

14 Observez les documents 3, 5, 9 et reliez. ..../ 4

Quels types d'indications sont donnés ?

a. heure   **b.** date   **c.** distance   **d.** quantités   **e.** durée
  •   •   •   •   •

  •   •   •
document n° 3   document n° 5   document n° 9

15 Pour chaque document, indiquez à quoi il sert. ..../ 10
Écrivez le numéro du document dans la bonne case.

décrire	raconter	proposer / accepter refuser	donner son avis	donner des instructions	aider à choisir	donner des infos sur un événement

COMPRÉHENSION DES ÉCRITS

COMPRÉHENSION DES ÉCRITS

Je me prépare

C Le contenu du document

Les propositions et les instructions

16 a) Lisez les textos (document 4). Laquelle de ces formules n'est pas synonyme de la proposition faite par Tanguy ? Cochez. ..... / 1

❏ Ça vous dirait d'aller au cinéma ce soir ?
❏ On est toujours d'accord pour le cinéma ce soir ?
❏ Et si on allait au cinéma ce soir ?

CONSEIL

Après avoir identifié la nature du document et ce que veut faire l'auteur du texte, il faut lire attentivement et calmement le texte. Si vous ne connaissez pas certains mots, essayez de deviner le sens d'après le contexte.

b) Comment répondent les amis ? Écrivez les formules. ..... / 3

1. Refus : ...., ...
2. Acceptation : ....

17 a) Lisez le document 9. Soulignez les verbes et précisez le mode utilisé. ..... / 12

❏ indicatif ❏ subjonctif ❏ impératif ❏ infinitif ❏ conditionnel

LANGUE — Inviter, accepter, refuser

Révisez les formules p. 29.

b) On aurait pu utiliser un autre mode, lequel ? .... / 1

c) Lisez le document 6. Recopiez l'impératif négatif et transformez-le en infinitif. ..... / 1

...., ...

d) Quels sont les écriteaux identiques à « Prière de ne pas laisser vos pots de pop-corn par terre. » ? Cochez. ..... / 2

LANGUE — La place de la négation

– Avec l'impératif : les deux particules négatives se mettent devant et derrière le verbe : *ne le fais pas.*
– Avec l'infinitif : les deux particules sont devant le verbe : *ne pas courir.*

VOUS ÊTES PRIÉS D'ALLER JETER VOS POTS DE POP-CORN DANS LES POUBELLES À LA SORTIE DE LA SALLE.

1 ❏

VEUILLEZ NE PAS ABANDONNER VOS POTS DE POP-CORN PAR TERRE.

2 ❏

PRIÈRE DE LAISSER VOS POTS DE POP-CORN SOUS VOS SIÈGES

3 ❏

Comptez vos points !

TOTAL ..... / 20
● total ≥ 10
● total < 10

Je me prépare

■ Les descriptions

18 **a)** Lisez attentivement le document 8. ..../ 5
Il présente l'île de Ré sur la côte Atlantique.
Recopiez les différents lieux de l'île mentionnés.

1. .... 2. ....
3. .... 4. ....
5. ....

CONSEIL

Quand vous lisez une description, identifiez les éléments décrits, et observez les qualités attribuées. Vous pourrez comprendre si la description est objective, ou donne une évaluation. *L'île est petite* (objectif). Mais *elle est superbe* (subjectif).

b) Partez à la recherche de l'information et recopiez : ..../ 7

1. les adjectifs qualificatifs du texte :

....
....
....

2. les adjectifs pour commenter : Le pont est *superbe*, les villages sont ...., l'ensoleillement est .... et la lumière est ....

c) Recopiez la phrase qui souligne l'originalité de l'île. ..../ 1

....

Comptez vos points !

TOTAL ..... / 14
● total ⩾ 7
● total < 7

d) Quel est donc le but de la description ? Cochez. ..../ 1
La description :
☐ souligne ce qui est beau et est entièrement positive.
☐ dit objectivement ce qui est beau et ce qui n'est pas beau.

■ La narration

19 **a)** Lisez le document 1. De quoi parle Axelle ? ..../ 2

....

CONSEIL

Quand vous lisez un récit, cherchez de qui on parle et quels sont les événements racontés. Soyez attentifs à la chronologie de ces événements.

b) Lisez le document 1, soulignez les verbes et identifiez le temps verbal. ..../ 8

c) Retrouvez la chronologie : le jour de la semaine et la date.

1. *Aujourd'hui* : ...., *15 mai* ..../ 4
2. *Samedi dernier* : ....,
3. *Hier mardi* : ....
4. *Samedi* : ....,

LANGUE — *Situer dans le temps par rapport à un moment du passé*

Révisez les adverbes et les locutions adverbiales utiles pour situer dans le temps (par rapport à un moment du passé) :
– la veille, l'avant-veille, avant-hier, trois jours avant ;
– le lendemain, le surlendemain, après-demain, trois jours après, une semaine plus tard.

Comptez vos points !

TOTAL ..... / 14
● total ⩾ 7
● total < 7

COMPRÉHENSION DES ÉCRITS

COMPRÉHENSION DES ÉCRITS

Je me prépare

■ **L'expression des goûts et des opinions**

20 **a)** Relisez le document 1. Retrouvez la formule qui indique l'enthousiasme d'Axelle. ..../ 1

....

b) Indiquez pour chaque formule le numéro du sentiment qu'elle exprime : enthousiasme (n° 1), déception (n° 2), opinion mitigée (n° 3). ..../ 16

a. C'est décevant : n° 2
b. C'est formidable ! ....
c. C'est nul. ....
d. C'est super. ....
e. Je n'ai pas du tout aimé. ....
f. Ça n'a aucun intérêt. ....
g. Ça vaut la peine. ....
h. Ce n'est pas mal. ....
i. Excellent ! ....
j. J'ai adoré. ....
k. J'ai beaucoup aimé. ....
l. J'ai détesté. ....
m. Je suis déçu. ....
n. Bof ! Sans plus ! ....
o. Très, très bien. ....
p. C'est moyen. ....

LANGUE

Les connecteurs

● Pour donner un exemple : *par exemple.*
● Pour indiquer le but : *pour.*
● Pour donner la cause : *en effet, car, parce que.*
● Pour indiquer l'opposition : *mais, et pourtant, par contre.*
● Pour exprimer la conséquence ou la conclusion : *alors, c'est pour ça que, c'est pourquoi, donc.*
● Pour indiquer la succession des arguments : *d'abord, puis, ensuite, enfin.*
● Pour indiquer la concession : *malgré, quand même.*

21 **a)** Relisez le document 7 et répondez. ..../ 3

1. Bouboule a un jugement : ☐ plutôt positif. ☐ plutôt négatif.
2. Babaorum a un jugement : ☐ plutôt positif. ☐ plutôt négatif.
3. Cendrillon a un jugement : ☐ plutôt positif. ☐ plutôt négatif.

b) Chaque personne met en avant des aspects positifs et d'autres négatifs. Soulignez pour chacune en bleu les aspects positifs et en rouge les négatifs. ..../ 3

22 **a)** Lisez le document 10 et répondez. ..../ 7

Quels sont les deux verbes synonymes de *je pense que* ?

1. ....
2. ....

b) Lisez le tableau des connecteurs et entourez dans le document 10 les connecteurs importants, puis remettez le résumé en ordre.

☐ Donc, je ne veux pas ressembler aux autres,

☐ et je ne suis pas la mode pour faire comme mes amies.

☐ mais je ne veux pas non plus être différente.

☐ Mon opinion est qu'il faut être soi-même.

☐ En effet, si je suis la mode, je le fais parce que ça me plaît,

Comptez vos points !

TOTAL ..../ 30
● total ≥ 15
● total < 15

Je m'entraîne

A — Comprendre des écriteaux et des panneaux

1 Lisez les écriteaux et donnez leur signification dans le tableau en indiquant le numéro de l'écriteau dans la bonne case. Attention, il y a plus d'écriteaux que de significations.

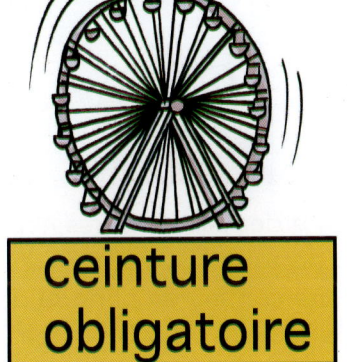

1. NE RIEN JETER PAR LA FENÊTRE

2. ceinture obligatoire

3. Je reviens dans 5 minutes

4. ATTENTION ! Ne pas courir sur le bord de la piscine. Risque de glissade.

5. Tenez votre chien en laisse SVP

6. Ceci est un lieu de prière. Respectez le silence.

7. NE PAS TRAVERSER LES VOIES. DANGER !

8. CHUT !!! bébé dort

a. Il est défendu de lancer des objets du train.	
b. Il est obligatoire de ne pas laisser les animaux en liberté.	
c. Il est seulement permis de marcher.	
d. Mon absence sera de courte durée.	
e. Ne faites pas de bruit pour l'enfant.	
f. Vous devez vous taire dans un lieu religieux.	

COMPRÉHENSION DES ÉCRITS

41

COMPRÉHENSION DES ÉCRITS

Je m'entraîne

2 Lisez les écriteaux et donnez leur signification dans le tableau en indiquant le numéro de l'écriteau dans la bonne case.
Attention, il y a plus d'écriteaux que de significations.

1 Stationnement payant tous les jours de 9 h 00 à 12 h 00 et de 14 h 00 à 18 h 00, sauf dimanches et jours fériés.

2 Grandes Galeries. Début des grandes soldes de printemps le 10 mars. Des affaires monstres !

3 Librairie des Alpes. Livres neufs et d'occasion. Livres scolaires. Horaire continu en période de rentrée scolaire : 9 h 00 – 19 h 00.

4 Axe rouge. Arrêt interdit.

5 Fête des voisins. Mardi 30 mai. Ne vous contentez plus de « bonjour, bonsoir » !

6 Le bureau de poste est fermé pour travaux. Réouverture prévue le 15 septembre. Bureau le plus proche : 1, place des Victoires.

7 Coiffeur dames / messieurs. Tarif réduit pour les étudiants. Shampoing-coupe : 15 €.

8 Déchets nucléaires : n'empoisonnez pas la Terre ! Manifestation nationale. Samedi 24 septembre 13 h. Bar-le-Duc (Meuse). Hall des expositions.

a. Si vous avez peur de polluer la terre, venez nous aider.	
b. Si vous ne travaillez pas encore et ne gagnez pas d'argent, nous avons des tarifs spéciaux.	
c. Si vous voulez mieux faire connaissance, faites la fête.	
d. Si vous voulez envoyer un paquet, allez à une autre adresse.	
e. Ne vous garez pas là, si vous voulez retrouver votre voiture !	
f. Si vous voulez acheter moins cher, venez bientôt.	

Je m'entraîne

B Comprendre des instructions

Un règlement public

3 Lisez ce règlement qui se trouve à l'entrée d'un jardin public. Répondez.

Parcs et jardins publics

Il est interdit sous peine de poursuites de :
– circuler à bicyclette dans les allées sauf jeunes enfants ;
– causer des dégâts aux plantations ;
– faire ou jeter des immondices ;
– porter atteinte à la tranquillité et la sécurité des promeneurs (ballons, boules, patins et planches à roulettes) ;
– déposer ou jeter des graines, miettes de pain ou nourriture quelconque.

Il est interdit de laisser les chiens :
– se promener sans être tenus en laisse ;
– pénétrer dans les zones réservées aux enfants ;
– circuler sur les pelouses et dans les plantations ;
– faire leurs besoins.

Arrêté municipal du 14 avril.

a) Trouvez dans le texte les synonymes des expressions suivantes.

1. Vous risquez d'avoir des problèmes : ....

2. Abîmer : ....

3. Déchets, choses à jeter : ....

4. Marcher : ....

b) Relisez le texte et cochez les situations qui ne doivent pas exister.

1 ☐   2 ☐   3 ☐   4 ☐

5 ☐   6 ☐   7 ☐   8 ☐

COMPRÉHENSION DES ÉCRITS

43

COMPRÉHENSION DES ÉCRITS

Je m'entraîne

■ Une règle du jeu

LANGUE — Les jeux et les sports

Révisez le lexique des jeux et des sports :
– d'extérieur :
le ballon, les rollers...
– d'intérieur :
les cartes, les dés,
le billard...
le karaté, la danse,
la natation...
– de groupe : le foot,
le rugby...

4 Lisez cette règle du jeu et cochez les bonnes réponses.

Le Mistigri

Le jeu se joue avec un jeu de 52 cartes, moins trois valets : on conserve seulement le valet de pique, appelé le Mistigri.
On distribue toutes les cartes aux joueurs (3 joueurs au moins).

Chaque joueur classe son jeu et s'efforce de faire le maximum de paires : deux cartes noires de même valeur ou deux cartes rouges de même valeur constituent une paire. Chaque joueur pose ses paires devant lui.

Puis le premier joueur met son jeu en éventail et propose à son voisin de droite de piocher*.

Si le 2e joueur tire une carte qui lui permet de faire une paire, il place la paire obtenue sur la table, sinon il conserve la carte. Et il présente à son tour ses cartes en éventail au 3e joueur à sa droite, et ainsi de suite.

Parmi ces cartes, seul le Mistigri n'entre pas dans une paire. Le perdant est celui qui garde le valet de pique en main quand toutes les paires ont été faites.

* Tirer une carte au hasard.

1. On joue avec : ❑ 52 cartes. ❑ 49 cartes. ❑ 32 cartes.

2. Le Mistigri est : ❑ a ❑ b ❑ c

3. Pour jouer, il faut être : ❑ deux. ❑ plus de deux. ❑ plus de trois.

4. Le but du jeu est : ❑ de faire des paires pour éliminer ses cartes.
❑ de faire le plus grand nombre de points.
❑ de conserver le Mistigri.

5. Les joueurs tirent une nouvelle carte dans le jeu du voisin.
❑ vrai ❑ faux ❑ on ne sait pas

6. Le Mistigri fait la paire avec le valet de trèfle.
❑ vrai ❑ faux ❑ on ne sait pas

7. Le perdant est :
❑ celui qui fait le plus de paires.
❑ celui qui garde le valet de pique.
❑ celui qui n'a plus de valet de pique.

Je m'entraîne

COMPRÉHENSION DES ÉCRITS

■ Une recette

5 Axelle fait la cuisine. Lisez la recette et cochez les bonnes réponses.

> Tu ne sais pas quoi faire du vieux pain dur ?
> Fais donc du PAIN PERDU... Tu nous en donneras des nouvelles !
>
> Il te faut : 3 œufs, 2 verres de lait, 1 sachet de sucre vanillé, 50 g de sucre en poudre (ou bien du sirop d'érable), 10 tranches de pain, 20 g de beurre.
> Mélange les œufs, le lait et le sucre vanillé dans un plat creux. Trempes-y les tranches de pain. Elles doivent être bien imbibées. Dans une grande poêle, fais fondre le beurre. Dore le pain sur feu moyen, des deux côtés. Sers immédiatement, saupoudré d'un peu de sucre ou de sirop d'érable.

LANGUE — Les partitifs

Révisez les partitifs : du – de la – de l' – des.
Faites du pain perdu.

1. Quels sont les ingrédients nécessaires ?

a ☐   b ☐   c ☐   d ☐   e ☐
f ☐   g ☐   h ☐   i ☐   j ☐

2. Quels sont les instruments nécessaires ?

a ☐   b ☐   c ☐   d ☐

LANGUE — La place des pronoms à l'impératif

● À l'impératif positif, les pronoms se placent après le verbe :
– un pronom : *donne-le, dis-moi, trempes-y, prends-en* ;
– deux pronoms (le COD d'abord) : *donne-le moi, dis-le lui.*

● À l'impératif négatif, les pronoms se placent devant le verbe :
– un pronom : *ne le donne pas, ne le dis pas* ;
– deux pronoms (COI-COD) : *ne me le donne pas* ;
– deux pronoms (COD-COI) : *ne le lui donne pas.*

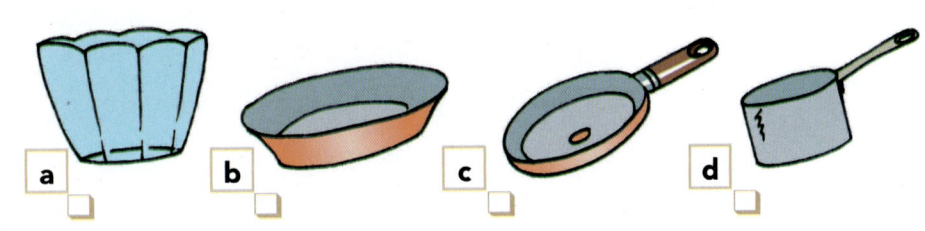

3. Que signifient les phrases suivantes ?

a. Elles doivent être bien mouillées.
☐ Les tranches de pain sont sèches.
☐ Les tranches de pain sont pleines de lait.
☐ Les tranches de pain sont beurrées.

b. Dore le pain sur feu moyen.
☐ On met la tranche de pain dans la poêle et on la fait cuire.
☐ On recouvre la tranche de pain de beurre pour qu'elle soit dorée.
☐ On met directement le pain sur le feu.

c. saupoudré d'un peu de sucre
☐ salé et sucré à la fois   ☐ avec une grande quantité de sucre
☐ avec du sucre en petite quantité mis dessus

45

COMPRÉHENSION DES ÉCRITS

Je m'entraîne

C Comprendre des menus

6 Les élèves de la cantine du lycée découvrent le menu de la semaine. Lisez et répondez.

Semaine du 8 au 12 mai

	LUNDI	MARDI	MERCREDI	JEUDI	VENDREDI
ENTRÉE		Tomates vinaigrette	Salade verte	Concombres vinaigrette	Betteraves
PLAT PRINCIPAL + LÉGUMES		Saucisses* grillées *saucisses de volaille	Poulet basquaise	Steak haché sauce brune	Poisson grillé
		Petits pois	Carottes persillées	Pommes frites ketchup	Semoule
FROMAGE		Fromage blanc	Camembert	Gruyère	Tome blanche
DESSERT		Gâteau au chocolat	Fruit	Compote de pommes	Fruit

1. Pendant la semaine du 8 au 12, combien de jours les élèves mangeront-ils à la cantine ?

❏ 4 jours ❏ 5 jours ❏ 6 jours ❏ 7 jours

2. Combien de plats ont-ils à chaque repas ? ❏ 3 ❏ 4 ❏ 5 ❏ 6

3. Le mercredi, ils mangent :

a. de la viande. ❏ vrai ❏ faux

b. des crudités. ❏ vrai ❏ faux

c. une pâtisserie. ❏ vrai ❏ faux

4. Pendant la semaine, ils mangeront :

a ❏   b ❏   c ❏

d ❏   e ❏

5. Pendant la semaine, ils mangeront :

a. une fois des pommes de terre. ❏ vrai ❏ faux

b. jamais de pâtes. ❏ vrai ❏ faux

c. jamais de poisson. ❏ vrai ❏ faux

d. toujours du fromage. ❏ vrai ❏ faux

e. plus souvent des fruits que des gâteaux. ❏ vrai ❏ faux

Je m'entraîne

D Comprendre des petites annonces

7 Axelle voudrait commencer un instrument de musique. Lisez les annonces avec elle et répondez.

> **213.** Guitariste diplômé propose cours particuliers de guitare classique ou folk et solfège, à domicile : Paris sud : 5ᵉ, 6ᵉ, 13ᵉ, 14ᵉ, Sceaux, Bourg-la-Reine (ou possibilité cours aux Gobelins / Port Royal).
> Pour adultes et enfants. Débutants, initiés sont les bienvenus !
> Bon contact et expérience auprès d'élèves tous niveaux !
> Travail sérieux dans une ambiance conviviale. 25 € de l'heure.

> **124.** Cours de guitare, basse, piano, chant, solfège, composition de chansons, rock, pop, blues, jazz, débutant à intermédiaire. Paris 11ᵉ.

LANGUE — La musique
Révisez le lexique de la musique :
– les genres de musique : *classique, rock*, etc.
– les instruments de musique : *le violon, la guitare, le banjo*, etc.

1. Axelle a sélectionné ces deux annonces. Quel instrument souhaite-t-elle étudier ? ....

2. Axelle souhaiterait des cours à domicile. Elle habite dans le 5ᵉ arrondissement. Est-ce que ce serait possible ?
   a. annonce 213 : ☐ oui ☐ non   **b.** annonce 124 : ☐ oui ☐ non

3. Axelle souhaiterait le cours le moins cher possible. Quelle annonce correspond à son désir ? ....

4. Quelle annonce Axelle va-t-elle finalement choisir ? ....

E Comprendre des documents informatifs

■ Une publicité

8 Tanguy adore les jeux de société. Il a découvert cette publicité sur Internet. Lisez et répondez.

> **Bienvenue dans la section *Jeux de Société et de Figurines***
> La section ouvre ses portes tous les vendredis de **20 h 00 à 6 h 00**.
> **Centre multiculturel :** 624, rue Yves Kermen 92100 Boulogne-Billancourt
>
> Pour 25 € l'année, vous pourrez jouez à tous types de jeux : jeux de plateau ou de cartes, jeux de figurines fantastiques, futuristes ou historiques, wargames...
> et découvrir de nouveaux jeux parmi les **600 boîtes disponibles**.
>
> **Le vendredi 12 mai, la Ludo* propose :**
> une soirée spéciale « Cléopâtre & la Société des Architectes »
>
> Venez nombreux découvrir ce tout nouveau jeu !
> Les pyramides tombent en ruine, et le nez du Grand Sphinx va s'effondrer ! Furieuse, Cléopâtre réunit les plus grands architectes de son royaume pour leur demander un nouveau palais. Celui qui saura combler ses désirs recevra un trésor pharaonique, mais malheur aux vaincus !
>
> * www.ludotheque.com et www.cleopatra-game.com

COMPRÉHENSION DES ÉCRITS

47

COMPRÉHENSION DES ÉCRITS

Je m'entraîne

1. Qu'est-ce qu'une ludothèque ?
- ❏ un endroit où on prend des livres amusants
- ❏ un endroit où on peut venir jouer et emprunter des jeux
- ❏ un endroit où on peut jouer et créer de la musique

2. Jusqu'à quelle heure la ludothèque est-elle ouverte ? ....

3. La ludothèque propose six cents jeux.
- ❏ vrai   ❏ faux   ❏ on ne sait pas

4. Le jeu *Cléopâtre et la société des architectes* :
- ❏ est sorti il y a longtemps.
- ❏ vient de paraître.   ❏ va bientôt être acheté par la ludothèque.

5. Quel rôle ont les joueurs ?
- ❏ Ce sont des hommes politiques.
- ❏ Ce sont des architectes.   ❏ Ce sont des malfaiteurs.

6. Que doivent faire les joueurs ?
- ❏ séduire Cléopâtre   ❏ construire un palais
- ❏ reconstruire les pyramides

■ **Des présentations de films, de livres...**

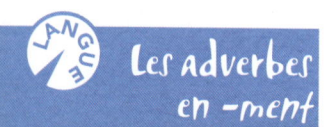

Les adverbes en -ment

● Pour créer des adverbes de manière, on rajoute le suffixe -ment à l'adjectif au féminin :
heureux ➜ *heureuse* ➜ *heureusement*.

● Pour les adjectifs se terminant par une voyelle, on rajoute -ment au masculin :
remarquable (m. et f.) ➜ *remarquablement* ;
vrai ➜ *vraiment*.

9 Tanguy lit attentivement les critiques de films.

Tous les jours sur M6 à 17 h 15.

Ma terminale

La terminale, c'est l'ultime année de lycée, la dernière ligne droite avant le bac... Même si vous n'êtes encore qu'au collège, voilà une série de fictions que vous aimerez certainement. Car ce n'est pas le côté scolaire qui importe, mais l'ambiance générale, les histoires entre filles / garçons, les rapports profs / élèves... L'héroïne s'appelle Margot : élève dans une terminale option cinéma, elle a décidé de filmer la vraie vie de son lycée. Le proviseur a heureusement donné son accord. Caméra à l'épaule (Ça bouge !) Margot filme tout, et partout où elle filme, le résultat est très vrai, même s'il s'agit de dix-huit acteurs qui jouent des dialogues écrits de A à Z. Une fiction qui dépasse vraiment la réalité !

Junior Magazine

a) Lisez la présentation et cochez.

Ma terminale est un : ❏ un film.   ❏ une série.   ❏ un documentaire.

b) Vrai ou faux ? Cochez la case correspondante et soulignez la phrase ou la partie du texte qui justifie votre réponse.

	vrai	faux
1. L'héroïne principale, Margot est en classe terminale.		
2. Margot tourne un film dans son lycée.		
3. Elle a eu le soutien du proviseur.		
4. La série traite surtout des rapports humains.		
5. Les acteurs inventent spontanément les dialogues.		

Je m'entraîne

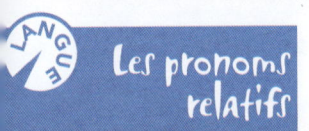

LANGUE — Les pronoms relatifs

Trouvez dans les documents 9 et 10 des phrases avec les pronoms :
– *qui* (sujet) : ....
– *que* (COD) : ....
– *où* : ....
– *dont* (remplace un complément introduit par *de*) ....

LANGUE — Le superlatif

● On peut exprimer le superlatif de deux façons :
– *la plus laide des filles* ;
– *la fille la plus laide*.

● Le complément du superlatif est introduit par *de* :
– *la fille la plus laide du monde*.

10 Axelle a adoré ce roman d'Agnès Desarthe.

> **Agnès Desarthe**
>
> ***Je ne t'aime pas Paulus (1992)***
>
> Éditeur : L'École des loisirs
>
> « Il y a Paulus Stern qui est amoureux de toi. » Voilà ce que Julia, la bonne élève, apprend de la bouche de sa meilleure amie, Johana. Toutes les filles rêvent de séduire le beau Paulus Stern. Et pourtant Julia n'est pas contente : elle se méfie ! D'abord elle se trouve la fille la plus laide du monde. Personne ne pourrait tomber amoureux d'elle. Paulus a dû faire le pari stupide de séduire une fille laide. Quand on a quatorze ans et pas beaucoup confiance en soi, voilà un livre tonique qui fait du bien.

a) Lisez la présentation et cochez.

Je ne t'aime pas Paulus est un roman :

❏ pour enfants.   ❏ pour ados.   ❏ pour adultes.

b) Vrai ou faux ? Cochez la case correspondante et recopiez la phrase ou la partie du texte qui justifie votre réponse.

	vrai	faux
1. Julia a de bons résultats en classe.		
2. Toutes les filles sont amoureuses de Paulus.		
3. Julia pense qu'elle est très jolie.		
4. Julia pense que son amie Johana a raison et que Paulus l'aime.		
5. Le livre va plaire surtout à celles qui ressemblent à Julia.		

COMPRÉHENSION DES ÉCRITS

49

COMPRÉHENSION DES ÉCRITS

Je m'entraîne

11 Axelle est allée avec sa classe à Montmartre. Ils ont découvert *le mur des je t'aime*.

Le savais-tu ?

À Paris, près de Montmartre, le mur des « Je t'aime »...

Un hymne à l'amour entre les peuples...

On ne sait pas avec précision combien de langues sont parlées dans le monde. Il pourrait y en avoir jusqu'à 6 000. Mais certaines langues sont parlées plus que d'autres. On considère qu'actuellement le hindi et l'anglais sont parlés chacun par 400 millions de personnes. Plus d'un milliard de Chinois pratiquent une langue qui a les mêmes caractères, mais dont la prononciation change. Parmi les langues les plus parlées, on trouve aussi le russe (280 millions), l'espagnol (250 millions), le bengali (160 millions), le japonais (125 millions), le français (105 millions).
(Source : INALCO)

À Paris, au square des Abbesses, Le mur des *Je t'aime* est un hymne au plurilinguisme. En 311 langues, parlées dans les 185 états membres de l'ONU, les artistes ont gravé sur une grande plaque de 40 m^2 formée de 511 carreaux la même déclaration d'amour. Dans un monde marqué par la violence, dominé par l'individualisme, les murs, comme les frontières, ont généralement pour fonction de diviser les hommes, de séparer les peuples, de se protéger de l'autre. LE MUR DES JE T'AIME sera au contraire, un trait d'union entre les hommes, un lieu de réconciliation, un miroir qui renvoie une image de paix

Le mur des Je t'aime, F. Baron, C. Kito.
http://www.lesjetaime.com/lemur.html

---

a) Associez ces chiffres à ce qu'ils désignent.

1. 6 000   **a.** le nombre des *Je t'aime* sur le mur

2. 105 millions   **b.** le nombre approximatif de langues dans le monde

3. 311   **c.** le nombre de francophones

4. 185   **d.** le nombre d'États appartenant à l'ONU

b) Répondez aux questions suivantes. Cochez.

1. Tous les Chinois se comprennent quand ils parlent.
☐ vrai   ☐ faux   ☐ on ne sait pas

2. Que signifie : « Le mur des Je t'aime est un hymne au plurilinguisme » ?
☐ Ce mur donne envie de chanter.
☐ Ce mur permet d'apprendre beaucoup de langues.
☐ Ce mur indique que l'existence de plusieurs langues est positive.

3. Quelle est l'originalité de ce mur ?
☐ Symboliser la division entre les hommes.
☐ Symboliser la fraternité.
☐ Symboliser la liberté.

Je m'entraîne

Des récits, des faits-divers

12 Tanguy lit régulièrement le journal et les faits divers. Lisez et répondez.

Mortelle passerelle

Cinq personnes sont mortes et une vingtaine – dont trois dans un état grave – ont été blessées au port de Nice hier soir. Il était 22 heures et elles montaient à bord du navire – Corsica Bella – qui fait la navette entre la Corse et le Continent quand la passerelle d'accès à bord, installée quelques heures auparavant, s'est effondrée. Les victimes ont fait des chutes de 15 à 20 mètres sur le sol. Il s'agissait d'une nouvelle passerelle que la compagnie venait d'acheter pour remplacer celle d'avant en trop mauvais état. Une enquête est ouverte pour vérifier s'il s'agit d'un défaut de fabrication ou bien de construction.

La Gazette du Matin

1. À quoi sert une « passerelle » ?
☐ à monter des objets lourds automatiquement
☐ à passer d'un endroit à un autre quand ils ne sont pas reliés
☐ à traverser la Méditerranée

2. Où et quand le fait-divers se passe-t-il ? ....

3. L'accident s'est produit : ☐ sur le quai à l'extérieur du bateau.
☐ à l'intérieur du bateau. ☐ en montant sur le bateau.

4. Que signifie « la passerelle s'est effondrée » ? Cochez.
a ☐   b ☐   c ☐

5. Trois blessés sont entre la vie et la mort. Justifiez votre réponse.
☐ vrai ☐ faux ☐ on ne sait pas
....

LANGUE — La voix passive

- La forme passive = auxiliaire être + participe passé accordé avec le sujet :
elles ont été blessées.
- Le complément d'agent est introduit par la préposition par :
elles ont été blessées par la chute d'une passerelle.

13 Axelle fait une recherche sur Saint-Exupéry. Lisez et répondez.

Le savais-tu ?

Un écrivain aviateur... Antoine de Saint-Exupéry

En juillet 1944, Antoine de Saint-Exupéry, qui s'était engagé aux côtés des Forces Françaises libres[1] contre les Nazis, disparaissait en Méditerranée dans une mission de reconnaissance. Il avait 44 ans. Des morceaux de son appareil ont été retrouvés seulement en 2000 et formellement identifiés en 2004 grâce au numéro de série de son appareil. Un pêcheur avait également retrouvé sa gourmette[2]. On sait ainsi que l'avion s'est écrasé non loin de Marseille.

Saint-Exupéry était entré dans l'armée de l'air en 1921. Il devint ensuite pilote de ligne. Appartenant à l'Aéropostale (la poste par avion), il effectua les premiers vols vers l'Afrique et l'Amérique du Nord de l'histoire de l'aviation.

Saint-Exupéry était aviateur, mais il était aussi écrivain et son œuvre est largement inspirée de son expérience de pilote et elle exalte le dépassement de soi pour être véritablement un homme. Mais pour le monde entier, Antoine de Saint-Exupéry est l'auteur du *Petit Prince*. Traduit en cent vingt langues ce livre est le troisième ouvrage le plus vendu dans le monde. Ce récit allégorique de l'amour et de la fraternité est aimé des petits comme des grands.

1. La France était occupée par les Allemands et une partie de l'armée française a continué la guerre à l'étranger.
2. Gourmette : bracelet où est écrit le nom d'une personne.

COMPRÉHENSION DES ÉCRITS

Je m'entraîne

LANGUE — Les temps du récit

- Pour signaler une succession d'événements, on utilise :
– le passé composé (auxiliaire au présent + participe passé) : *il a vécu à Lyon* (voir la formation du passé composé p. 69).
– le passé simple : utilisé surtout à la 3ᵉ personne : *il devint pilote.*
- Pour décrire une situation, présenter des personnages, on utilise :
– l'imparfait : *il était pilote* (voir la formation de l'imparfait p. 70) ;
– le plus-que-parfait (auxiliaire à l'imparfait + participe passé) : *il était entré.*

Des descriptions touristiques

LANGUE — Le participe présent et le gérondif

- Ce sont les formes verbales qui se terminent par *-ant*.
- Le participe présent accompagne un nom : *les explications concernant ces mesures…*
- Le gérondif est précédé de la préposition *en* et donne des indications de temps, de cause ou de manière : *en marchant.*

---

1. Qui est Saint-Exupéry ? (Plusieurs réponses sont possibles.)
❏ un romancier ❏ un nazi ❏ un pêcheur ❏ un aviateur

2. En quelle année est né Saint-Exupéry ? ....

3. L'avion de Saint-Exupéry est tombé dans la mer en 1944.
❏ vrai ❏ faux ❏ on ne sait pas

4. On a tout de suite retrouvé les restes de l'avion.
❏ vrai ❏ faux ❏ on ne sait pas

5. Saint-Exupéry a fait les premiers voyages aériens au-dessus de l'Atlantique.
❏ vrai ❏ faux ❏ on ne sait pas

6. Saint-Exupéry a écrit des romans sur l'aviation.
❏ vrai ❏ faux ❏ on ne sait pas

7. Saint-Exupéry a une écriture très poétique.
❏ vrai ❏ faux ❏ on ne sait pas

8. *Le Petit Prince* est vendu dans le monde entier. Justifiez votre réponse.
❏ vrai ❏ faux
....

14 Tanguy est en voyage de classe en Bretagne. Lisez la présentation faite par l'Office du tourisme de Carnac et répondez.

Les mégalithes de Carnac

Laissez-vous surprendre en partant à la découverte des nombreux menhirs, dolmens et autres sites mégalithiques mondialement connus.

Un site spectaculaire et mystérieux

La période où l'on a construit les mégalithes a duré environ de 4500 à 2000 ans avant J.-C. Ils avaient une fonction funéraire et servaient aux sépultures collectives ou individuelles. Dans la ville de Carnac en Bretagne, on compte environ 3 000 menhirs alignés. On pense qu'il s'agissait d'un site religieux et que ces lignes avaient un sens.

Les mesures de sauvegarde

En marchant, les touristes ont endommagé les menhirs et aujourd'hui, les alignements ont été clôturés pour permettre à la végétation de se régénérer et aux sols de se stabiliser, car certains menhirs commençaient à osciller. Cependant l'accès au site est autorisé en hiver de novembre à mars. Des explications concernant ces mesures sont exposées au bâtiment d'accueil.

1. Quand ont été construits les mégalithes ? ....

2. Comment sont disposés les menhirs ?
❏ en rond ❏ en ligne droite ❏ en triangle

3. Le rôle des mégalithes est :
❏ astronomique. ❏ religieux. ❏ politique.

52

Je m'entraîne

4. Le sens de ces mégalithes est :
☐ parfaitement connu. ☐ supposé. ☐ pas connu.

5. Les touristes :
☐ jettent des immondices partout.
☐ ont détruit la végétation.
☐ ont écrit sur les mégalithes.
☐ ont tassé le sol et rendu instables les menhirs.

6. On peut voir de près les mégalithes :
☐ toute l'année. ☐ seulement en hiver. ☐ seulement en été.

F Comprendre des écrits personnels

Des cartons d'invitation

15 Axelle a invité ses amis et leur a envoyé un carton d'invitation. Lisez et répondez.

> **Le 12 février, c'est mon anniversaire !**
>
> J'aurai l'âge que j'avais plus 1, c'est-à-dire 7 × 2.
>
> Je vous attends chez moi à 19 heures mardi gras (c'est-à-dire le 13) pour un grand bal masqué.
>
> Les personnes sans déguisement ne seront pas autorisées à entrer.
> Le déguisement doit également couvrir le visage. Pensez-y bien.

> **Au programme des réjouissances :**
>
> - grand jeu de « Qui est qui ? »
> - crêpes à gogo
> - soirée dansante
> - grand concours du plus beau déguisement
>
> N'oubliez pas de me donner votre réponse.
>
> Le nombre de bouteilles de coca en dépendra… et le nombre de crêpes aussi.

1. Quel âge Axelle aura-t-elle ? ....

2. Où la fête se passera-t-elle ? ....

3. Quel jour la fête aura-t-elle lieu ? ....

4. Tous les participants doivent obligatoirement se déguiser.
☐ vrai ☐ faux ☐ on ne sait pas

5. Les participants ne doivent pas porter de masque.
☐ vrai ☐ faux ☐ on ne sait pas

6. Pendant la soirée, des crêpes seront servies.
☐ vrai ☐ faux ☐ on ne sait pas

7. Pendant la soirée, les participants essaieront de deviner qui se cache sous les masques. ☐ vrai ☐ faux ☐ on ne sait pas

8. Il n'y aura que du coca. ☐ vrai ☐ faux ☐ on ne sait pas

LANGUE — Les pronoms y et en

- Le pronom *y* remplace un complément de lieu, ou bien un complément introduit par la préposition *à* : *vas-y, pensez-y*.
- Le pronom *en* remplace un complément de provenance ou bien un complément introduit par la préposition *de* : *le nombre de bouteilles en dépend* (= dépend de cela).

COMPRÉHENSION DES ÉCRITS

Je m'entraîne

■ **Des cartes postales ou des lettres amicales**

16 Tanguy est parti en Bretagne. Il écrit à sa marraine. Lisez et répondez.

Carnac, le 14 avril

Chère Marraine,

Comme tu es prof d'histoire et que je sais que tu adores la Bretagne, je t'envoie mon bonjour de Carnac où nous sommes venus avec ma classe. Nous sommes partis de Paris lundi et nous rentrerons vendredi soir. Nous visitons tous les lieux les plus connus de la Bretagne. Carnac en particulier m'a beaucoup plu, même s'il pleuvait (mais en Bretagne, ce n'est pas trop étonnant).
Tu sais que j'aime tout ce qui est un peu mystérieux et ces menhirs rangés en ligne sont vraiment bizarres.
Nous sommes logés dans des hôtels de campagne. C'est plutôt sympa, mais le soir on ne peut pas sortir : il n'y a rien à faire. Enfin, on s'amuse bien entre nous.
Bises,
Tanguy

1. D'où Tanguy envoie-t-il sa carte ? ....

2. Pourquoi Tanguy écrit-il à sa marraine ?
❏ parce qu'elle est déjà allée à Carnac
❏ parce qu'elle voudrait aller à Carnac
❏ parce qu'elle connaît bien l'histoire de Carnac

3. Tanguy est en voyage :
❏ avec ses parents.
❏ avec sa classe.
❏ avec des amis.

4. Tanguy n'était jamais allé en Bretagne.
❏ vrai ❏ faux ❏ on ne sait pas

5. Il y a eu de la pluie le jour de la visite des menhirs.
❏ vrai ❏ faux ❏ on ne sait pas

6. Tanguy a apprécié la visite :
❏ parce que ces menhirs sont impressionnants.
❏ parce qu'on ne connaît pas la raison de ces alignements.
❏ parce qu'il pensait à Astérix.

7. Tanguy regrette un peu de ne pas loger dans un hôtel en ville.
❏ vrai ❏ faux ❏ on ne sait pas

Je m'entraîne

Des courriels

17 Axelle est partie en Alsace. Lisez le courriel qu'elle envoie et répondez.

Date : 8 mai
De : Axelle
Objet :
À : Pierre Bornand<p.bornand@yahoo.fr>

Bonjour Papa et Maman, salut les frères !
Ici tout va bien. Le voyage s'est bien passé, on s'est installés à l'hôtel ; il se trouve dans le quartier le plus typique de la ville qui s'appelle *La Petite France*. Bon, ce n'est pas un très bel hôtel, mais enfin… tant pis. Je partage une chambre avec Marie et Lucie. Je ne vous dis pas jusqu'à quelle heure on bavarde ! Mais les voyages de classe, c'est fait pour ça. Aujourd'hui on a visité la cathédrale qui est superbe avec sa tour. J'ai surtout apprécié l'horloge astronomique (c'est mon côté scientifique). On a vu aussi le nouveau parlement européen. C'est un beau bâtiment, et on a rencontré un député à qui on a pu poser des tas de questions sur l'Europe. C'était intéressant. J'ai pris plein de documents. Peut-être qu'au lieu d'être ingénieur, je pourrais faire de la politique…
Bon je vous laisse, les profs nous appellent. On va au resto manger de la… *choucroute* bien sûr… et après dodo… !
Votre Axelle qui vous adore mais qui n'a pas trop hâte de vous revoir ! Désolée ☹ !!!

1. À qui Axelle écrit-elle ?
☐ seulement à son père   ☐ à ses parents   ☐ à toute sa famille

2. Axelle est en voyage avec :
☐ des cousins.   ☐ ses copains et ses profs.   ☐ la famille de Lucie.

3. Où est Axelle ? ....

4. L'hôtel des jeunes se trouve :   ☐ à la périphérie de la ville.
☐ au centre ville.   ☐ à côté du parlement.

5. Axelle a aimé l'horloge astronomique :
☐ parce que c'est un bel objet.
☐ parce qu'elle s'intéresse aux choses scientifiques.
☐ parce qu'elle avait lu des documents avant.

6. Axelle écrit son courriel :   ☐ le matin.   ☐ le midi.   ☐ le soir.

7. Axelle est :   ☐ très satisfaite.   ☐ moyennement intéressée.
☐ peu satisfaite de la visite au parlement.

8. Les jeunes vont manger ensuite :   ☐ un plat typiquement alsacien.
☐ un plat exotique.   ☐ un plat comme on en mange à la cantine.

LANGUE — Les adjectifs irréguliers

Révisez les adjectifs irréguliers suivants :
– beau : un <u>beau</u> garçon, un <u>bel</u> homme, une <u>belle</u> fille ;
– nouveau : un <u>nouveau</u> pantalon, un <u>nouvel</u> avion, une <u>nouvelle</u> copine ;
– vieux : un <u>vieux</u> monsieur, un <u>vieil</u> arbre ; une <u>vieille</u> nappe.

COMPRÉHENSION DES ÉCRITS

55

COMPRÉHENSION DES ÉCRITS

Je m'entraîne

■ Des forum d'opinions

18 Pour ou contre ? Sur Internet, les jeunes discutent et se répondent. Lisez les interventions sur ce forum et répondez.

Pour ou contre les écoles mixtes (filles + garçons) ?

Soleil. Posté le 10.07 à 21 h 30. Je suis pour à 100 %. Je ne vois pas pourquoi on serait contre. Cela n'a pas de sens.

Tonio. Posté le 11.07 à 10 h 00. Moi je préférerais que filles et garçons soient séparés parce que les filles et les garçons n'ont pas les mêmes goûts et que je trouve ça ennuyeux.

Soleil. Posté le 11-07-2005 à 12 h 27. Comment ça ennuyeux ? Dans mon école, il y a des filles qui jouent au foot sans problème et on les accepte. Moi je pense que cette sorte de discrimination envers le sexe féminin doit s'arrêter. J'ai des copains garçons, et ils ont les mêmes goûts que moi.

Titi. Posté le 11.07 à 15 h 06. Je suis tout à fait d'accord avec toi Soleil. Moi aussi j'ai des amis garçons et filles et je trouve qu'on se comprend mieux quand on est dans la même classe.

Soleil. Posté le 11.07 à 19 h 00. Merci de me soutenir Titi. Lol* !

Dumbo. Posté le 12.07 à 19 h 07. Je suis pour les écoles mixtes. On ne rigolerait pas sinon.

Lisa. Posté le 02.08 à 18 h 26. C'est clair. Je suis pour. Si l'école n'était pas mixte, il n'y aurait pas d'ambiance, ce serait triste.

Cerise. Posté le 21-08-2005 à 18 h 43. J'allais au collège de filles mais cette année je commence au lycée mixte. Je crois que les collèges mixtes ne sont pas une bonne idée jusqu'à l'âge de 16 ans parce que les garçons sont trop stupides avant ! Toutefois, c'est pas naturel pour les garçons et les filles d'être séparés après 16 ans et donc je suis pour les lycées mixtes !

---

* Expression de joie.

a) Indiquez dans le tableau s'ils sont pour ou contre. Cochez.

	Soleil	Tonio	Titi	Dumbo	Lisa	Cerise
pour						
contre						
ça dépend						

b) Vrai ou faux ? Cochez la case correspondante et soulignez la phrase ou la partie du texte qui justifie votre réponse.

	vrai	faux
1. Tonio voudrait rester entre garçons parce qu'ils ont les mêmes goûts.		
2. Soleil pense que filles et garçons ont toujours des goûts différents.		
3. Il faut être ensemble pour mieux se connaître.		
4. À cause de la mixité, les jeunes ne s'amusent pas.		
5. La mixité devrait commencer seulement à 16 ans.		

LANGUE

L'emploi des modes

● Dans les propositions introduites par *que* avec un verbe indiquant une préférence (*je préfère que*), un doute (*je doute que*), une crainte (*j'ai peur que*), une volonté (*je veux que*), le verbe de la subordonnée est au subjonctif : *je préférerais que filles et garçons soient séparés.*

● Mais après les verbes d'opinion, on met l'indicatif : *je trouve qu'on se comprend mieux.*

● On emploie le conditionnel :
– pour atténuer ce qu'on dit, suggérer : *je préférerais, j'aimerais…*
– pour formuler une hypothèse : *Si l'école n'était pas mixte, il n'y aurait pas d'ambiance.*

Production ÉCRITE

Qu'est-ce qu'on vous demande ?

● *L'épreuve est en deux parties. Vous devrez :*
- écrire une lettre amicale ou bien un journal intime pour raconter un événement ou décrire une expérience personnelle ;
- rédiger une lettre amicale ou un message pour inviter ou demander, ou bien répondre à un message reçu pour remercier, vous excuser, demander, informer, féliciter, etc.

Quelques conseils pour vous aider

● *Procédez de la façon suivante :*
- **Premièrement, lisez attentivement le sujet.** Regardez bien quel type de texte on vous demande d'écrire : un journal intime, une lettre, un message Internet en réponse à un autre message, etc. Regardez bien qui sera le destinataire.
- **Relisez lentement le sujet**, et commencez à chercher des idées. Parfois des photos ou un document vous aideront. Notez vos idées au brouillon, classez-les pour savoir dans quel ordre vous allez les présenter.
- **Écrivez votre texte au brouillon.**
- **Relisez et vérifiez** que vous avez donné toutes les informations demandées.
- **Comptez le nombre de mots** : entre 60 et 80 mots.
- **Relisez pour corriger les fautes d'orthographe.** Vérifiez en particulier :
  – l'accord du verbe avec le sujet ;
  – l'accord entre l'article, le nom et l'adjectif ;
  – les accents.
- **Recopiez votre texte.**
- **Relisez pour corriger les dernières erreurs.**

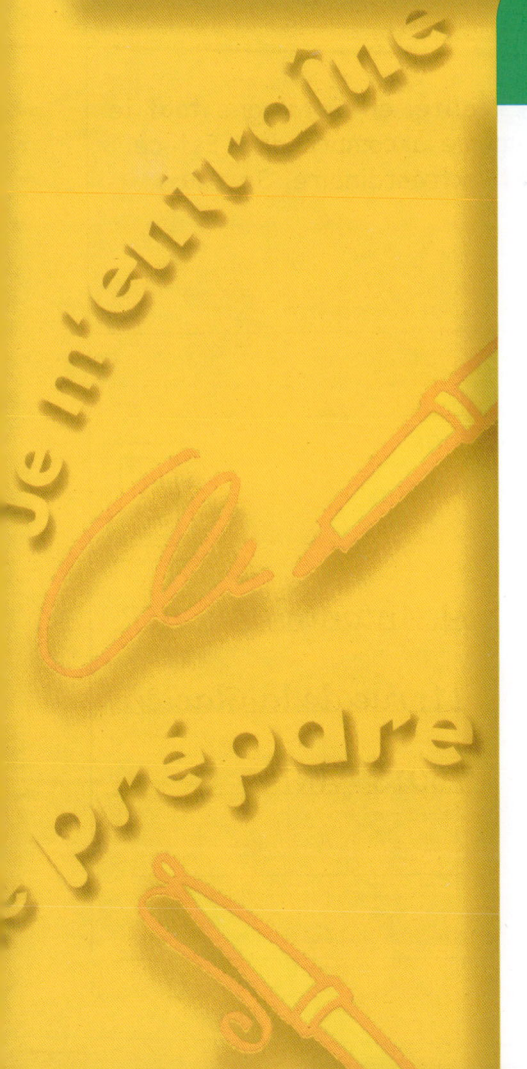

Je me prépare

A La correspondance

Le lieu et la date

1 Observez ces documents, leurs points communs et leurs différences. Comment est formulée la date dans la lettre et la carte par rapport au courriel ? Recopiez.

..../ 2

1

Date : vendredi 13 mars 2006
De : Antonin
Fichiers joints : recherche Tahiti
Objet : recherches sur Tahiti
À : Tanguy

Je t'envoie par courriel les infos que j'ai déjà trouvées pour notre exposé sur Tahiti. J'ai fait des recherches sur Internet, j'ai déjà sélectionné les choses intéressantes sur l'histoire et la géographie. Toi, tu dois t'occuper de l'économie et de la culture.
Bon travail. Salut !
Antonin

2

Barcelone, le 21 avril 2006
Chers Papy et Mamy,

Notre voyage en Espagne à Barcelone est super.
Mais savez-vous qu'on ne parle pas espagnol ? En réalité, en Catalogne tout le monde parle d'abord catalan. Mais j'arrive quand même à comprendre. Est-ce que vous connaissez la cathédrale de Gaudi ? C'est extraordinaire. Je vous montrerai des photos.
Je vous embrasse très affectueusement.

Axelle

Dire ce qu'on est en train de faire

Pour indiquer qu'une action se déroule au moment même où on parle, on utilise être en train de + infinitif :
Je suis en train de manger.

3

Chapelle des bois   Le 10 juillet 2006
Beau temps : du soleil et de la chaleur...
(C'est rare dans le Jura !).
Mon stage botanique se passe bien. J'apprends des tas de choses sur les insectes (ma passion : je suis en train d'observer une petite coccinelle sur mon crayon. On fait aussi de belles balades en forêt à pied ou en VTT.
Bonnes vacances à toi.
Tanguy

M. Antonin GAUCHER

11, rue de la Glacière

75013 PARIS

58

Je me prépare

2 Dans le courriel, la date est insérée automatiquement. Qu'est-ce qu'on ajoute dans un courriel qui ne figure pas dans la carte ou la lettre ? Cochez. ..../ 2

☐ les salutations ☐ l'objet du message
☐ d'éventuels documents ajoutés ☐ la signature

Les formules pour commencer et finir une lettre

3 Retrouvez les formules de salutations en remettant les lettres dans l'ordre. ..../ 5

1. A T U S L ! ....
2. O U C C U O ! ....
3. H C R E Max ....
4. H R E É C Julie ....
5. B U J O R O N ! ....

4 Complétez les salutations par *cher* et l'adjectif possessif qui convient. ..../ 4

Exemple : Ma chère Sophie...

1. .... grand-mère   3. .... cousines
2. .... amis   4. .... Papy

Les formules pour terminer un ssage à des proches

Révisez les formules suivantes :
Bons baisers.
Bisous.
Grosses bises.
Je t'embrasse.
Je vous embrasse.
Affectueusement.
Amitiés.
Amicalement.
À bientôt.

5 Complétez le début et la fin des messages. ..../ 2

1
.... monsieur,
Meilleur souvenir de Bretagne. J'ai visité l'usine Marée-motrice pour fabriquer l'électricité dont vous nous aviez parlé en cours. C'était intéressant.

........................,
à la rentrée. Tanguy

2
.... Marraine
J'ai utilisé l'argent que tu m'avais offert pour m'acheter des modèles réduits de voilier en Bretagne. Je suis ravi. Encore merci.

....
Tanguy

PRODUCTION ÉCRITE

59

Je me prépare

PRODUCTION ÉCRITE

■ Les souhaits et les félicitations

6 Comment pourrait-on répondre à ces messages ? Choisissez la bonne formule. ..../ 3

1
| Date : 14 juillet | Objet : |
| De : Léo | À : Tanguy |

Salut ! Je pars demain pour le sud de la France avec mes cousins. Je rentre dans un mois.
À bientôt.
Léo

| Date : 15 juillet | Objet : |
| De : Tanguy | À : Léo |

....
....
....

2
| Date : 24 décembre | Objet : |
| De : Antonin | À : Tanguy |

Salut mon vieux.
Je te souhaite un joyeux Noël.

| Date : 29 décembre | Objet : |
| De : Tanguy | À : Antonin |

....
....
....

3
| Date : jeudi 28 juin | Objet : |
| De : Chloé | À : Axelle |

Chère Axelle, ma cousine préférée,
Je t'écris pour te dire que demain je passe mon Brevet. J'ai peur.
Chloé

| Date : 29 juin | Objet : |
| De : Axelle | À : Chloé |

....
....
....

LANGUE — Les formules de souhait et d'encouragement

Révisez les formules suivantes :
Bonnes vacances.
Bonne fin de vacances.
Bon anniversaire !
Bonne fête !
Joyeux Noël !
Bonne et heureuse année...
Courage ! / Ne t'inquiète pas ! / N'aie pas peur / Bonne chance !

Je me prépare

Les connecteurs logiques (dans les lettres plus longues)

7 Remettez en ordre cette lettre (attention aux connecteurs et à la ponctuation), puis lisez-la à haute voix. …/ 10

☐ **a.** **et** cette année, un garçon allemand vient d'arriver. Il s'appelle comme moi Axel. C'est drôle, non ? Il fait partie de notre bande.

☐ **b.** Et toi ? Tes vacances ?

☐ **c.** Ma chère Julie,

☐ **d.** Je suis dans le camping où je vais chaque année avec mes parents. Je retrouve toujours les mêmes copains,

☐ **e.** On est **donc maintenant** quatorze et on s'amuse bien. Le soir, il y a une discothèque au camping, et mes parents cette année m'ont permis d'y aller trois fois. Je me suis inscrite aussi à un cours de voile et c'est super.

☐ **f. Pourtant**, ici tout va très bien.

☐ **g.** Ton amie pour la vie. Axelle

☐ **h.** Très gros bisous et bonne fin de vacances quand même. J'ai hâte de te revoir à Paris à la fin du mois.

☐ **i.** Tu me manques. Les vacances sont parfois trop longues pour l'amitié.

☐ **j.** Saint Malo, le 19 août

Comptez vos points !

TOTAL …../28
🟢 total ≥ 14
🔴 total < 14

B   La description d'une personne

L'identité et la profession

8 Complétez la lettre d'Axelle à sa nouvelle correspondante espagnole avec les mots suivants : *étudier – s'appeler (à conjuguer) – grand – petit – primaire – commerçante – ingénieur – qui*. …/ 8

La famille

Révisez les noms de parenté : *le père, la mère, le grand-père*, etc. (reportez-vous aussi p. 87).

Les professions

Révisez les noms de professions les plus courants (attention au féminin) : *infirmier(ière), informatien(ienne), coiffeur(euse), employé(e), médecin*, etc.

Paris, le 14 novembre
Bonjour Ana !
Je suis ta nouvelle correspondante. J'ai 14 ans. Je suis en troisième au collège. J'……………. l'anglais et l'espagnol. Je te présente ma famille. Mon père s'appelle Fabrice, il est ……………. ; ma mère s'appelle Magali, elle est ……………. Elle a une boutique de vêtements. J'ai deux frères, un plus ……………., Tanguy. Il a 15 ans, il est en seconde. Et un plus ……………., Gabriel, il a 9 ans et il va à l'école ……………. J'ai aussi un chien qui ……………. Milord et une chatte toute noire ……………. s'appelle Cachou.
Et toi, tu as des frères et sœurs ?
Réponds-moi vite.
                                                                                       Axelle

PRODUCTION ÉCRITE

61

PRODUCTION ÉCRITE

Je me prépare

Les descriptions physiques ou morales

La description physique

Révisez les formules pour décrire physiquement une personne :
– Il / elle est grand(e), petit(e), moyen(ne).
– Il / elle est gros / se, maigre, mince.
– Il / elle a les cheveux blonds / bruns / châtains / roux / longs / courts / mi-longs / raides / ondulés / frisés.
– Il / elle a les yeux bleus / verts / noirs / marron / noisette.

9 Qui est-ce ? Lisez les descriptions et mettez le nom du personnage dans la bonne case. ..../ 4

1. Fanny est très grande. Elle a les cheveux assez courts, blonds et ondulés. Mais elle est trop maigre.

2. Anaïs est moyenne. Elle est très mince. Elle a des cheveux raides, châtains et longs.

3. Antoine est plutôt petit. Il est gros. Ses cheveux sont châtains et très courts.

4. Hugo est grand. Il est assez gros. Il a les cheveux bruns et mi-longs.

a b c d
....

La description du caractère

Voici une liste d'adjectifs utiles pour décrire le caractère d'une personne : actif(ive), antipathique, bête, débrouillard(e), dynamique, égoïste, enthousiaste, expansif(ive), exubérant(e), généreux(euse), gentil(le), méchant(e), indolent(e), intelligent(e), paresseux(euse), réservé(e), serviable, sociable, solitaire, sportif(ive), sympathique (sympa), timide.

10 Voici les copains d'Axelle au camping. Ils sont tous différents. Complétez leurs descriptions avec un des adjectifs de la liste ci-contre. ..../ 14

1. Vincent aime être avec les autres ; il est très ....

2. Fanny ne reste jamais sans rien faire ; elle est ....

et ....

3. Anaïs montre bien ses sentiments.

On voit quand elle est contente. Elle est ....

4. Camille partage toujours avec ses copains.

Elle est très ....

5. Antoine n'aime pas beaucoup travailler.

Il est plutôt ....

6. Valentine parle peu, elle a peur d'être jugée.

Elle est très ....

7. Louis garde toujours tout pour lui. Il ne donne rien à personne.

Il est ....

Je me prépare

8. Lucie plaît à tout le monde.
Tout le monde la trouve ....

9. Personne n'aime Basile.
Tout le monde pense qu'il est ....

10. Henri fait du foot, du judo, du tennis, et l'hiver il fait du ski.
Il est très ....

11. Quand il y a un problème, Hugo trouve toujours une solution.
Il est très ....

12. Erwan n'aime pas trop être avec les autres,
Il est plutôt ....

13. Léa est toujours prête à aider les autres.
Elle est très ....

14. Ludivine parle et s'agite tout le temps, rit beaucoup et très fort.
Elle est ....

11 À Noël, Axelle a reçu de l'argent de ses grands-parents. Elle s'est acheté des vêtements. Elle écrit à ses grands-parents pour dire ce qu'elle a acheté (précisez les matières et les couleurs). Complétez la lettre en vous aidant du dessin. ... / 10

Chers Papy et Mamy,
Avec les 60 euros que vous m'avez offerts, je me suis acheté :
....
....
....
....
....
....
De tout cœur, je vous remercie.
Je suis vraiment très contente.
Votre Axelle

Les vêtements et les accessoires

● Révisez les noms :
– de vêtements :
un pantalon, une veste…
– d'accessoires :
les lunettes, le sac,
les boucles d'oreille…
– de matières : en coton,
en laine, en soie,
en synthétique…
● Révisez les verbes
suivants :
il porte des lunettes,
elle est habillée avec
un jean et un polo…

Les couleurs et les motifs

● Les adjectifs de couleur s'accordent avec le nom auquel ils se rapportent sauf s'ils proviennent d'un nom d'objet :
des pantalons bleus, mais des chaussettes orange, des chaussures marrons (pas de féminin).
● Les adjectifs composés ne s'accordent pas :
une jupe bleu ciel.
● Les motifs : un t-shirt à rayures, à pois, à carreaux.

Comptez vos points !

TOTAL ..... / 36
● total ⩾ 18
● total < 18

PRODUCTION ÉCRITE

63

PRODUCTION ÉCRITE

Je me prépare

C — La description d'un lieu

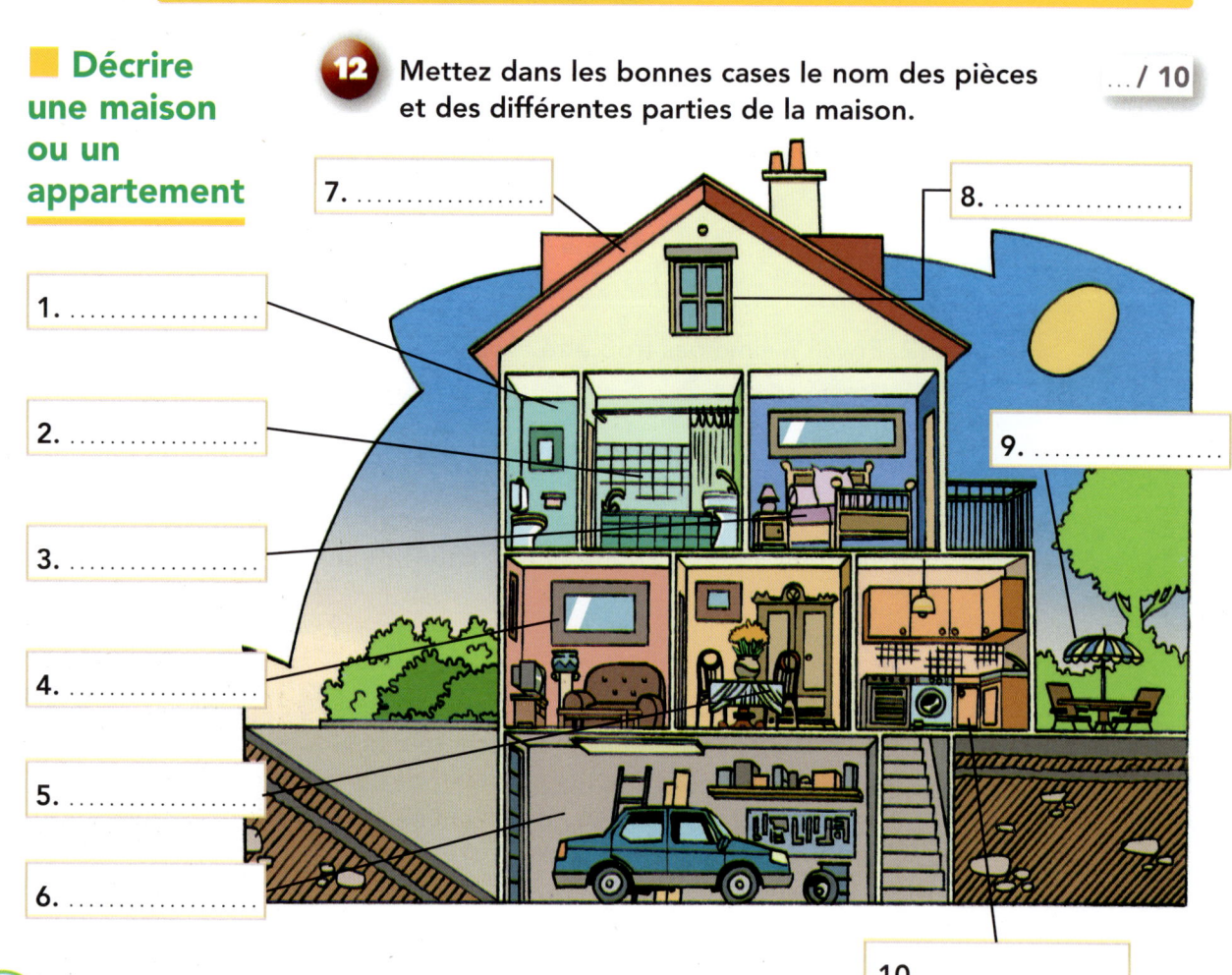

■ **Décrire une maison ou un appartement**

12 Mettez dans les bonnes cases le nom des pièces et des différentes parties de la maison. ..../ 10

1. ....
2. ....
3. ....
4. ....
5. ....
6. ....
7. ....
8. ....
9. ....
10. ....

LANGUE — l'habitation

Révisez le lexique de l'habitation :
– le type de maison : une maison, un appartement…
– les niveaux : les étages, le rez-de-chaussée, le sous-sol…
– les pièces : l'entrée, la cuisine…
– les parties extérieures : le garage, le jardin, le mur, la façade…

13 Axelle est en vacances chez ses grands-parents en Bretagne. Elle décrit leur maison : c'est la maison dessinée à l'exercice 12. Faites-le à sa place. Donnez dix détails. ..../ 10

Chère Ana

Je suis en vacances en Bretagne chez mes grands-parents. Ils habitent une maison sympa. Je te la décris. Au rez-de-chaussée, il y a ....
....
....

Décris-moi une maison espagnole typique.
À bientôt.

Axelle

64

Je me prépare

PRODUCTION ÉCRITE

Le mobilier

Révisez le lexique du mobilier :
– de la cuisine :
une *cuisinière*, un *frigo*...
– du salon :
un *canapé*, un *fauteuil*...
– de la chambre :
un *lit*, une *armoire*...
– de la salle de bains :
un *lavabo*, une *douche*...

14 Décrivez cette pièce ; indiquez le nom de la pièce et la position des meubles (au moins dix) les uns par rapport aux autres.   .... / 10

....
....
....
....
....
....

Situer dans l'espace

Révisez les mots et expressions pour situer dans l'espace p. 18.

■ Décrire une ville, un paysage

15 Axelle met en ordre son album photo. Elle décrit les paysages. Complétez. Utilisez les mots suivants : *campagne, plaine, montagne, colline, vigne, abbaye*.   .... / 8

1. Sortie de classe à Chartres (mai 2006)

À perte de vue, ... et au loin la flèche de la cathédrale. La .... française est belle.

2. Promenades en Champagne (juin 2006)

Un paysage très doux de ....

et de ....

3. Séjour de ski à Chamonix (février 2007)

....

4. Voyage au Mont-Saint-Michel (avril 2007)

....

65

PRODUCTION ÉCRITE

Je me prépare

16 Tanguy prépare pour son correspondant un diaporama sur Paris. Associez le nom du lieu qui correspond à la photo.

.../ 10

LANGUE — La description d'un lieu

Révisez :
– les noms des principaux lieux de la ville : *la mairie, la cathédrale, l'église, le marché*, etc.
– les noms désignant des paysages : *la campagne, la montagne, la plaine*, etc.
– les adjectifs utiles pour décrire un lieu : *beau, impressionnant, superbe, splendide, grandiose, imposant, caché, tranquille, reposant, coquet, joli, mignon.*

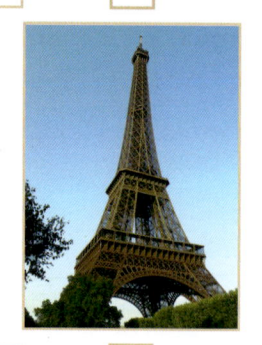

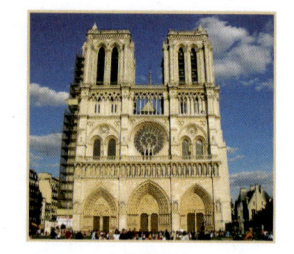

1 ☐   2 ☐
3 ☐   4 ☐
5 ☐   6 ☐
7 ☐   8 ☐
9 ☐   10 ☐

66

Je me prépare

a. La tour Eiffel construite en 1889 pour la 1ʳᵉ exposition universelle et le centenaire de la Révolution.

b. La cathédrale Notre-Dame, sur l'île de la Cité.

c. La place de la Concorde avec l'obélisque égyptien, et l'entrée du jardin des Tuileries.

d. La pyramide du Louvre, qui est l'entrée du musée et de la galerie marchande.

e. Les Halles avec ses magasins et ses boutiques.

f. Le canal Saint-Martin dans le 10ᵉ arrondissement.

g. Le centre culturel Beaubourg avec ses escalators extérieurs.

h. Le jardin des plantes avec son zoo et la Grande Galerie de l'évolution.

i. La cour de La Sorbonne, 1ʳᵉ université de Paris.

j. La basilique du Sacré-Cœur à Montmartre.

Comptez vos points !

TOTAL ..... /48
- total ≥ 24
- total < 24

D La narration d'événements

Situer dans l'espace

17 Axelle a reçu sa correspondante espagnole. Elle fait le compte rendu de sa semaine. Utilisez les photos de l'exercice 16 et complétez librement. ..../ 6

1. Lundi, nous sommes allées place de la Concorde…
2. Mardi ....
3. Mercredi ....
4. Jeudi ....
5. Vendredi ....
6. Samedi ....
7. Dimanche ....

LANGUE

Dire où se passe un événement

- Révisez les prépositions de lieu suivantes :
  – *chez moi, chez Léo, chez un copain, chez le dentiste ;*
  – *à l'école, à la piscine, au marché, à Paris ;*
  – *dans une école, dans un magasin.*

- Révisez les prépositions devant les noms de pays ou de régions :
  – devant les noms de pays masculins ou féminins pluriel :
  au Danemark, au Japon, aux États-Unis, aux Antilles ;
  – devant les noms de régions masculins : *dans le Périgord ;*
  – devant les noms de pays ou de régions féminins ou bien masculins commençant par une voyelle : *en France, en Italie, en Irak, en Dordogne.*

PRODUCTION ÉCRITE

67

PRODUCTION ÉCRITE

Je me prépare

■ **Raconter des événements au présent**

18 Conjuguez les verbes entre parenthèses de la lettre de Tanguy. …/ 10

> Date : 12 février   Objet : Nouvelles des Alpes
> De : Tanguy   À : M. Bornand
> 📎 Photo montagne
>
> Je vous .... (envoyer) quelques nouvelles. Je .... (savoir) que Maman s'inquiète toujours. Tout .... (aller) bien ici au grand Bornand (Est-ce que nous .... (être) originaires d'ici puisque nous avons le même nom ?). Il .... (faire) beau, mais très, très froid. Il y .... (avoir) beaucoup de neige et de la très bonne neige. Nous .... (skier) tous les matins et tous les après-midis, nous .... (commencer) les compétitions demain, j'en ai plusieurs (descente libre, slalom). J'................. (espérer) avoir au moins une médaille.
> Je vous embrasse.   Tanguy
> PS : Pour Maman : ici à l'hôtel, nous .... (manger) divinement bien !

LANGUE — L'expression de la quantité

● Révisez les déterminants et les pronoms indéfinis qui indiquent des quantités :
– *tout / toute / tous / toutes : tous les matins* ;
– *plusieurs, certain(e)s, quelques / quelques-un(e)s : quelques nouvelles*.

● Révisez les quantificateurs : *beaucoup de, peu de, assez de, trop de : beaucoup de neige*.

LANGUE — Les particularités des verbes du 1ᵉʳ groupe

Révisez la formation du présent des verbes :
– **en -cer** : *je commence, nous commençons* ;
– **en -ger** : *je mange, nous mangeons* ;
– **en -yer** : *je paie, nous payons / j'envoie, nous envoyons* ;
– **en -eler** : *j'appelle, nous appelons* ;
– **en -eter** : *je jette, nous jetons* – sauf *j'achète, nous achetons* ;
– **avec un accent aigu à l'infinitif** : *j'espère, nous espérons*.
On retrouve ces particularités à l'imparfait et au participe présent.

68

Je me prépare

Raconter des événements au passé

Le passé composé

- Le passé composé se forme avec l'auxiliaire *avoir* ou *être* au présent + participe passé. Avec l'auxiliaire *avoir*, le participe passé est invariable sauf si le COD est placé devant : *J'ai envoyé une lettre et la lettre que j'ai envoyée n'est jamais arrivée.*

- Les principaux verbes qui se conjuguent avec *être* sont les suivants : *aller, venir, arriver, partir, entrer, sortir, monter, descendre, naître*, et les verbes pronominaux : *se lever, se préparer*, etc. Le participe passé de ces verbes s'accorde avec le sujet : *Axelle est sortie, elle s'est lavée.*

Indiquer la succession dans le temps

Révisez les mots pour indiquer la succession dans le temps : *d'abord, après, ensuite, plus tard, enfin, avant, la veille, les jours précédents, quelques jours avant…*

19 Conjuguez chaque phrase au passé composé. …/ 10

1. Nous voulons aller en Provence.
....
2. Je peux me documenter sur la région.
....
3. Je reçois des informations de l'agence de tourisme.
....
4. Nous faisons l'itinéraire nous-mêmes.
....
5. Nous visitons toutes les villes.
....
6. Je prends beaucoup de photos.
....
7. Nous venons d'Avignon.
....
8. J'apprends l'histoire du palais.
....
9. Je dois acheter des souvenirs pour tout le monde.
....
10. Je suis très content(e) du voyage.
....

20 Axelle est en vacances à Nice chez sa cousine Chloé. …/ 10 Le soir, Axelle fait le compte rendu de sa journée dans son journal intime. Faites-le à sa place au passé composé, dans votre cahier.

Exemple : Hier matin, on s'est levées…

1. 9 h 00 : se lever, se préparer
2. 9 h 30 : prendre petit déjeuner
3. 10 h 00 : aller sur la plage, à pied
4. connaître des copains de Chloé
5. 12 h 30 : manger un sandwich sur la plage
6. Retourner se baigner
7. 17 h 00 : rentrer chez Chloé, dormir un peu
8. 20 h 00 : manger avec la tante et l'oncle (les parents de Chloé)

PRODUCTION ÉCRITE

69

PRODUCTION ÉCRITE

Je me prépare

La négation au passé composé

Attention à la place des particules négatives au passé composé :
– Je n'ai pas vu la tour Eiffel.
– Je ne suis pas venu.

9. 21 h 00 : après dîner, écouter de la musique

10. 11 h 00 : aller se coucher, bavarder avec Chloé jusqu'à 2 h 00 du matin

21 Voici le programme d'Axelle et de Chloé pour le mardi. Mais Axelle a eu une angine. Elle écrit dans son journal tout ce qu'elle n'a pas fait. ..../ 6

– aller à la plage le matin
– pique-niquer sur la plage
– manger une glace
– visiter le musée Matisse l'après-midi
– faire du shopping dans la vieille ville
– participer à la fête d'anniversaire de Paul

La négation et l'article partitif

N'oubliez pas : pas de.
Je n'ai pas mangé de glace.

> Quelle malchance ! J'ai attrapé une angine. Je ....
> ....
> ....
> ....

22 Axelle raconte son match de volley dans son journal intime. Conjuguez les verbes entre parenthèses au passé composé ou à l'imparfait selon les cas. ..../ 10

L'imparfait

• L'imparfait se forme avec le radical + désinences : -ais, -ais, -ait, -ions, -iez, -aient. Attention aux verbes du 2ᵉ groupe : je finissais…

• L'imparfait sert à évoquer la situation ou bien des faits passés habituels : Quand on est partis, il faisait beau.

> Cher journal,
> Je dois te raconter la finale de notre match de volley. Le match .... (se jouer) à Rennes, en Bretagne. Les Bretonnes .... (arriver) en finale comme nous. Nous .... (partir) en car de Paris, il .... (pleuvoir) et nous .... (voyager) 8 heures. Nous .... très fatiguées le soir. Les familles bretonnes nous .... (recevoir) avec beaucoup de gentillesse. Le match .... (se dérouler) le lendemain après-midi. Nous .... (perdre), mais tant pis ! Nous .... (beaucoup s'amuser). C'................ (être) super !

Parler du futur

23 Léo écrit à Tanguy pour connaître le programme de la sortie de classe qu'il a perdu. Tanguy répond. Regardez le programme et écrivez sa réponse dans votre cahier. Utilisez des verbes au futur. ..../ 8

Journée au château de Versailles :
– rendez-vous à 8 h 00 devant le lycée
– RER jusqu'à Versailles

Je me prépare

Le futur

- Révisez la formation du futur : infinitif + -ai / -as / -a / -ons / -ez / -ont : *il mangera*.

- Révisez le futur de quelques verbes irréguliers : *je serai, j'aurai, je ferai, je pourrai, je devrai, je saurai, je voudrai, j'irai, je viendrai, j'enverrai.*

– 9 h 30 : début de la visite
– 11 h 00 : promenade dans les jardins
– 12 h 30 : pique-nique au Petit Trianon
– 14 h 00 : spectacle des jeux d'eau
– 16 h 00 : retour en RER
– 17 h 00 : arrivée au lycée

Les jours et les moments de la journée

Révisez les jours de la semaine (*lundi, …*) et les moments de la journée (*le matin, …*).

Comptez vos points !

TOTAL …… / 60
● total ⩾ 30
● total < 30

E   L'expression des goûts et des sentiments

■ **Donner son avis (positif ou négatif)**

24 Classez les expressions suivantes dans le tableau. …/ 16

1. Bof, moyen…
2. C'est de la folie !
3. C'est génial !
4. C'est horrible !
5. C'est insupportable !
6. C'est nul !
7. Je déteste !
8. C'est super !
9. Ce n'est pas formidable…
10. J'adore ça !
11. J'ai détesté.
12. J'ai aimé comme ci, comme ça…
13. J'ai adoré.
14. J'ai horreur de ça.
15. C'est pas mal
16. J'aurais mieux fait de rester chez moi !

Positif	Moyen	Négatif
………………	………………	………………

25 Axelle et Tanguy ont vu un film. Elle l'a aimé et lui non. Ils donnent leur avis sur un forum. Choisissez un film et écrivez à leur place. …/ 4

FORUM WEB	SPECTATEUR, À VOUS LA PLUME

Axelle : ………………………………………………
………………………………………………………
Tanguy : ………………………………………………
………………………………………………………

PRODUCTION ÉCRITE

Je me prépare

■ **Exprimer des sentiments variés**

26 Indiquez le sentiment : colère / déception / espoir / félicitations / regret / joie / surprise, dans la case qui convient dans le tableau.   .... / 7

1.	Je suis déçu(e) / triste. C'est dommage / quel dommage...
2.	Je regrette. Je suis désolé(e). Excuse(z)-moi. Je vous prie de m'excuser. Pardon
3.	Cela m'étonne. C'est étonnant / curieux / drôle / bizarre que... Je suis très surpris(e).
4.	Je suis furieux (se). Tu exagères... Je suis choqué(e) / révoltée / indigné(e). Je trouve ça incroyable / lamentable. C'est inadmissible. / C'est une honte...
5.	Je suis très heureux (se). Je suis content(e).
6.	J'espère que...
7.	Bravo, je te / vous félicite. Tous nos compliments ! Bravo ! Toutes nos félicitations !

LANGUE

L'expression du souhait ou de l'espoir

● Les verbes *souhaiter* et *espérer* se construisent avec l'infinitif : *j'espère / je souhaite pouvoir venir.*

● Le verbe *espérer* se construit avec une subordonnée à l'indicatif : *j'espère que tu es guéri et que tu pourras venir.*

● Le verbe *souhaiter* se construit avec le subjonctif : *je souhaite qu'il guérisse vite / qu'il soit guéri.*

LANGUE

L'emploi du subjonctif dans la subordonnée

On emploie le subjonctif dans la subordonnée :
– après les verbes exprimant un sentiment, une volonté, un doute : *je souhaite que vous soyez reçu à l'examen, j'ai peur qu'il ne réussisse pas, je veux qu'il y aille* ;
– après les verbes impersonnels : *il faut qu'il réussisse, il vaut mieux qu'il le sache, il est préférable qu'il y aille.*

27 Tanguy et Axelle envoient les messages suivants. Rédigez-les dans votre cahier.   .... / 7

1. Tanguy s'excuse parce qu'il ne pourra pas aller au cinéma avec son copain.

2. Axelle est restée chez elle pour attendre son amie qui n'est pas venue et n'a pas prévenu. Elle lui envoie un texto pour protester.

3. Axelle a invité sa cousine Chloé pour les vacances de Pâques. Elle n'a pas reçu de réponse. Elle lui envoie un mail et elle s'étonne de son silence.

Je me prépare

La concordance des temps

Si le verbe principal est au passé, en français courant, on emploie toujours le subjonctif présent dans la subordonnée :
je souhaitais qu'il réussisse.

Exprimer la nécessité, la volonté, la préférence

4. Tanguy n'a pas fait son devoir de math. Il envoie un texto à un copain, il espère qu'il pourra l'aider.

5. L'équipe de Tanguy a perdu la finale. Tanguy envoie un mail à un copain et lui dit sa déception.

6. Chloé a réussi son Brevet. Elle a écrit à sa cousine Axelle pour le lui dire.

7. Axelle répond à Chloé, la félicite et dit sa joie.

28 Complétez les messages par l'expression qui convient : *j'aimerais – je voudrais – il faudrait / il faut – il vaudrait mieux que.* ..../ 6

1 De : Tanguy   À : Antonin

Je ne comprends rien en math. .... que tu me donnes un coup de main. Est-ce que je pourrais passer chez toi cet après-midi ?

2 De : Antonin   À : Tanguy

.... que je vienne moi, chez toi. Chez moi, mon petit frère fête son anniversaire, et on ne pourra pas travailler.

3 De : Axelle   À : Julie

Pour la fête, ... qu'on aille ensemble faire des courses : .... acheter les boissons et de quoi faire un gâteau.

4 De : Julie   À : Axelle

D'accord pour faire les courses ensemble. Mais avant .... passer à la bibliothèque. .... aussi que je poste un courrier très important.

Comptez vos points !

TOTAL ..... /40
● total ⩾ 20
● total < 20

PRODUCTION ÉCRITE

73

Je me prépare

PRODUCTION ÉCRITE

F — Les formules d'invitation, de proposition, de remerciement

LANGUE — Les formules de remerciement

Révisez les formules de remerciement :
Merci ! Merci beaucoup !
Je te/vous remercie…
C'est très gentil.
Tu n'aurais pas dû.

LANGUE — l'interrogation à l'écrit

À l'écrit, on utilise souvent l'interrogation complexe avec l'inversion du sujet et du verbe, plus rarement l'interrogation avec est-ce que :
Aimerais-tu venir avec nous en vacances ?
(verbe + sujet pronominal)
Tes parents vont-ils te laisser venir chez nous ?
(sujet + verbe + pronom de rappel)

Révisez aussi pp. 89, 90.

29 Reformulez dans votre cahier les messages en utilisant l'inversion verbe / sujet. …. / 3

1
De : Axelle   À : Julie
Est-ce que tu aimerais venir passer une semaine avec moi chez mes grands-parents en Bretagne ?
Axelle

2
De : Julie   À : Axelle
Ma chatte a eu 3 chatons. Est-ce que vous voudriez adopter un petit chat ?
Je sais que Tanguy adore les chats.

3
De : Antonin   À : Tanguy
Est-ce que tu aurais envie de participer à la course de rollers dans Paris, vendredi soir ?

30 Les destinataires répondent aux messages précédents. Écrivez dans votre cahier leurs réponses. …. / 6

Ils acceptent : | Ils refusent :

1
De : Julie   À : Axelle
……
De : Julie   À : Axelle
……

2
De : Axelle   À : julie
……
De : Axelle   À : julie
……

3
De : Antonin   À : Tanguy
……
De : Antonin   À : Tanguy
……

Comptez vos points !
TOTAL …. /9
● total ≥ 4
● total < 4

Je me prépare

G L'expression de la cause

La cause et la conséquence

- Révisez les formules pour demander une explication :
– *Pourquoi tu n'es pas venue ?*
– *Parce que j'étais fatiguée.*
Il n'est pas venu car il était fatigué (à l'écrit seulement).

- Révisez les formules pour indiquer la conséquence : *c'est pour ça que, alors, comme, pour* + infinitif.

- Attention, *comme* se place toujours au début de la phrase.

31 Axelle justifie les choix qu'elle fait. Cherchez les justifications (colonne 2) qui conviennent aux choix (colonne 1), puis écrivez les phrases en utilisant un connecteur logique (*parce que, alors, comme…*). ..../ 6

Les choix
1. Elle a décidé de jouer de la guitare.
2. Elle va aller régulièrement à la piscine.
3. Elle abandonne le basket.
4. Elle va faire un séjour linguistique en Allemagne.
5. Elle fera médecine, plus tard.
6. Elle a ouvert un blog.

Les justifications
a. Elle veut travailler avec « Médecins sans frontières ».
b. Elle pense que c'est un instrument facile.
c. La natation est un sport complet.
d. Elle aime échanger des idées avec les autres.
e. Elle n'est pas douée pour ce sport.
f. Elle veut avoir de meilleures notes en allemand.

1. ....
2. ....
3. ....
4. ....
5. ....
6. ....

32 Tanguy répond à ses messages en donnant une explication. Utilisez *pour* + l'infinitif. ..../ 3

1. C'est vrai que tu as décidé de prendre des cours de maths ? Mais pourquoi ? Tu n'es pas si mauvais ! Léo

....

2. Il paraît que tu veux faire du tennis cette année et ne pas continuer le basket. Pourquoi ? Antonin

....

3. Tu as appelé ? Pourquoi au juste ? Anne

....

Comptez vos points !

TOTAL ..../9
- total ≥ 5
- total < 5

PRODUCTION ÉCRITE

75

Je me prépare

PRODUCTION ÉCRITE

H — Le discours rapporté

Le discours rapporté

- On utilise un verbe de parole qui introduit une proposition subordonnée : *Il m'a dit qu'il était content.*
- Les pronoms personnels et les temps verbaux changent dans la subordonnée : *je suis allé à Paris et je t'ai acheté un cadeau* → *il m'a dit qu'il était allé à Paris et qu'il m'avait acheté un cadeau.*
- Pour indiquer une action future dans la subordonnée, on utilise « le futur dans le passé » qui a la même forme que le conditionnel présent : *Il m'a dit qu'il viendrait.*

33 Tanguy écrit à Antonin et lui rapporte ce qu'a dit l'entraîneur pour la finale. Soulignez les verbes de parole et indiquez leur temps verbal. Puis recopiez les verbes des propositions subordonnées et indiquez leur mode et leur temps. ..../ 7

Date : Objet : Finale !
De : Tanguy À : Antonin

Cher Anto,
J'ai vu hier l'entraîneur. Il m'a dit qu'on était prêts à son avis et qu'on pouvait gagner. Mais il a ajouté qu'il faudrait faire encore des efforts pour être mieux coordonnés entre nous et nous passer davantage le ballon. Et moi, je te dis qu'on sera les meilleurs.
Bon à demain !
                                    Tanguy

---

1. ....
2. ....
3. ....
4. ....

Les pronoms personnels compléments

Révisez les pronoms personnels compléments et leur place dans la phrase :
– **objet** : me / m', te / t', le/la/l', nous, vous, les. *Je les invite. / Je ne les invite pas.*
– **indirects** : me / m', te / t', lui, nous, vous, leur. *Je lui téléphone. / Je ne lui téléphone pas.*
– **à l'impératif affirmatif** : *invite-moi, regarde-toi, invite-la, parle-lui*
– **après les prépositions** à / de / avec / pour : *avec moi, pour toi, à lui / elle, avec nous, pour vous, à eux / elles.*

34 Axelle fait un séjour linguistique en Espagne, à Madrid. Voici ce que lui disent son professeur et sa correspondante. Elle écrit ensuite à ses parents pour leur raconter. Utilisez le discours rapporté (6 points). Ajoutez des détails à la lettre, n'oubliez pas la date, les salutations (1 point). Écrivez la lettre dans votre cahier. ..../ 7

Le professeur d'espagnol à Axelle :

Tu as un bon accent en espagnol, Axelle. Maintenant tu dois essayer de ne plus faire de fautes. Et puis il faut que tu apprennes plus de vocabulaire.

La correspondante à Axelle :

Tu parles vraiment bien. Bientôt tu seras une vraie espagnole. Moi par contre, j'ai hâte de venir en France pour m'améliorer.

Comptez vos points !
TOTAL ..... / 14
🟢 total ≥ 7
🔴 total < 7

Je m'entraîne

A Raconter des expériences personnelles

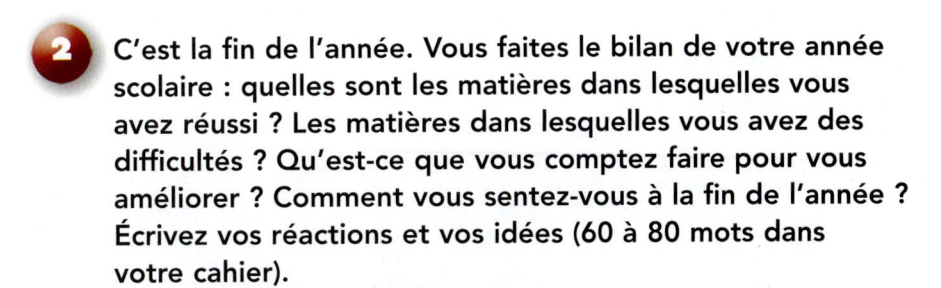

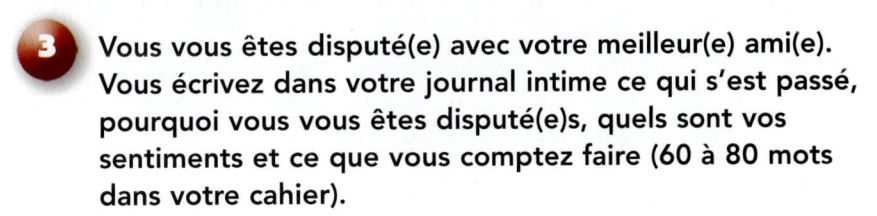

Faire un compte-rendu pour son journal intime

1 Vous avez fait un voyage de classe à Paris au printemps. Vous racontez dans votre journal intime votre séjour. Aidez-vous du programme et des photos. Imaginez comment est votre hôtel. N'oubliez pas de donner vos impressions (60 à 80 mots dans votre cahier).

Programme Paris 15-17 mai

LUNDI :
Arrivée : transfert à l'hôtel
Visite de Montmartre (Basilique, place du Tertre et ses peintres)

MARDI :
Matinée : visite du Louvre
Repas : au restaurant *Le Chien qui fume* (Les Halles)
Après-midi : visite du Centre Pompidou, achats aux Halles

MERCREDI :
Matin : visite de la tour Eiffel
Repas : pique-nique dans les jardins de Versailles
Après-midi : visite du château

JEUDI :
Matin : départ

2 C'est la fin de l'année. Vous faites le bilan de votre année scolaire : quelles sont les matières dans lesquelles vous avez réussi ? Les matières dans lesquelles vous avez des difficultés ? Qu'est-ce que vous comptez faire pour vous améliorer ? Comment vous sentez-vous à la fin de l'année ? Écrivez vos réactions et vos idées (60 à 80 mots dans votre cahier).

3 Vous vous êtes disputé(e) avec votre meilleur(e) ami(e). Vous écrivez dans votre journal intime ce qui s'est passé, pourquoi vous vous êtes disputé(e)s, quels sont vos sentiments et ce que vous comptez faire (60 à 80 mots dans votre cahier).

PRODUCTION ÉCRITE

PRODUCTION ÉCRITE

Je m'entraîne

■ **Faire un compte-rendu pour le journal de la classe**

4 Vous avez organisé avec votre classe une fête française pour votre collège ou lycée. Vous avez écouté des CD, vous avez joué une petite pièce de théâtre, vous avez préparé des spécialités culinaires françaises. Vous faites le compte-rendu de la fête pour le journal du lycée. Dites si les gens ont aimé, quelle est votre opinion sur cette initiative. Aidez-vous des photos si vous le souhaitez (60 à 80 mots dans votre cahier).

5 Vous avez accueilli la classe de vos correspondants français dans votre école. Les jeunes Français ont été reçus dans vos familles, vous leur avez fait découvrir votre ville ou région, ils ont assisté à vos cours, vous avez fait une fête. Racontez cette expérience pour le journal de l'école. Donnez votre sentiment sur ce type d'expériences : ce qui était bien et ce qui n'était pas bien, et si vous souhaitez vous aussi vivre la même expérience en France (60 à 80 mots dans votre cahier).

■ **Raconter une expérience personnelle à des proches dans une lettre ou un courriel**

6 Tanguy a fait une randonnée équestre dans l'Aveyron. Il écrit à son copain Antonin pour lui raconter et lui proposer d'y participer lui aussi l'an prochain. Écrivez le courriel (60 à 80 mots dans votre cahier) en utilisant les informations suivantes.

– content mais fatigué
– longues randonnées (25 km par jour, au moins)
– visite du château de Najac
– copains sympas
– cheval magnifique (choisissez la couleur)

Date : 14 août	Objet : vacances dans l'Aveyron
De : Tanguy	À : Antonin

....

Je m'entraîne

7 Vous avez fait un camp en montagne avec le club randonnée de votre lycée. Vous écrivez à votre correspondant français pour lui raconter les activités que vous avez faites. Aidez-vous des dessins ci-dessous (60 à 80 mots dans votre cahier).

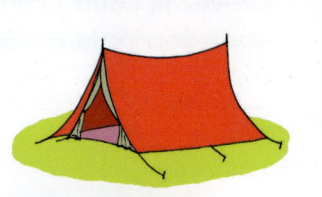

B Écrire pour informer, demander, inviter

■ Pour informer

8 Tanguy écrit un courriel à Antonin pour l'informer d'une émission télévisée qui devrait lui plaire. Utilisez les informations suivantes et écrivez le message. Remarquez bien l'heure de l'émission et proposez une solution (60 à 80 mots dans votre cahier).

TV5 5 h 30
Rediffusion de Thalassa : *La belle bleue*.
Un reportage splendide sur la Méditerranée.

Date :	Objet :
De : Tanguy	À : Antonin

9 Axelle doit accueillir à la gare sa correspondante espagnole qui arrive de Barcelone. Elle ne lui a jamais envoyé de photos, alors elle lui envoie un courriel où elle se décrit, et elle lui dit comment elle sera habillée et ce qu'elle aura à la main. Elle lui dit qu'elle l'attendra au bout du quai. Utilisez le dessin ci-contre et écrivez le message à la place d'Axelle (60 à 80 mots dans votre cahier).

Date :	Objet : Rencontre
De : Axelle	À : Anna

PRODUCTION ÉCRITE

79

PRODUCTION ÉCRITE

Je m'entraîne

10 Tanguy et Axelle sont chez leurs grands-parents maternels en Bourgogne. Ils attendent des amis qui ne connaissent pas la maison. Il n'y a pas de numéro sur les maisons.
Ils décrivent la maison par mail, pour qu'ils la reconnaissent.
Écrivez le courriel à leur place et utilisez le dessin ci-dessous pour décrire la maison (60 à 80 mots dans votre cahier).

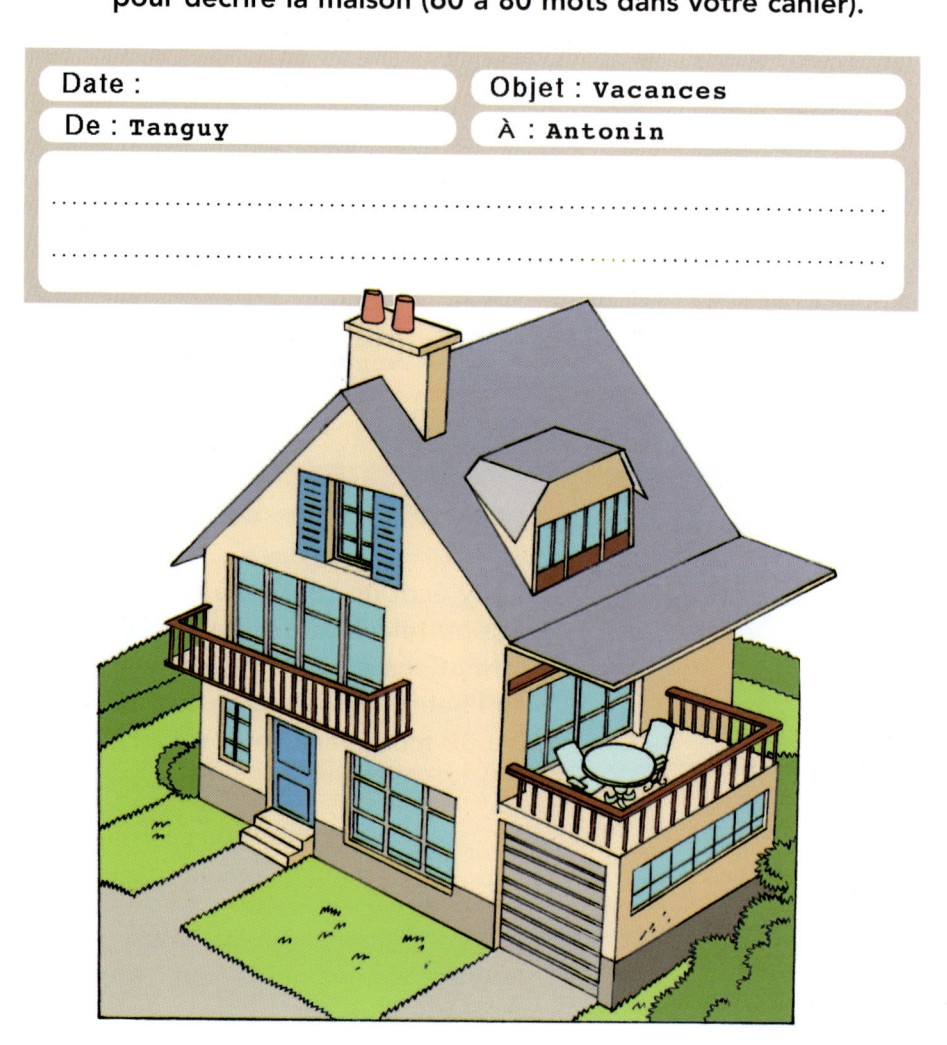

Date :	Objet : Vacances
De : Tanguy	À : Antonin

....
....

11 Dans sa dernière lettre, votre correspondant(e) français(e) vous a demandé comment est organisée votre école.
Vous lui répondez par lettre (60 à 80 mots dans votre cahier). Dites-lui :
– quels jours vous avez cours ;
– de quelle heure à quelle heure ;
– à quelle heure vous commencez et à quelle heure vous finissez ;
– combien d'heures de cours vous avez chaque jour ;
– où se passent les différents cours ;
– quelles sont vos matières ;
– si vous avez du travail personnel à faire à la maison ;
– quand vous avez des vacances.

Je m'entraîne

Pour demander et inviter

12 Tanguy fait partie de l'équipe de volley de son collège. Ils sont arrivés en finale. Celle-ci aura lieu à Lyon, à la Halle des Sports, 91, boulevard Vivier Merle, dans le 3e arrondissement. Il en informe par courriel son copain Solal, qui habite à Lyon, et il lui demande s'il viendra les encourager. Il précise la date et l'heure. Écrivez le message pour lui (60 à 80 mots dans votre cahier).

Date :	Objet : ....
De : Tanguy	À : Solal
....	

13 Vous avez une petite chatte et vous cherchez quelqu'un qui voudrait l'adopter, car vous déménagez à l'étranger avec vos parents. Vous écrivez une petite annonce pour un journal. Décrivez votre chatte, donnez son âge, et dites qu'elle est très sage (60 à 80 mots dans votre cahier).

14 Tanguy veut refaire la randonnée équestre de sept jours cet été, dans l'Aveyron (exercice 6). Il voudrait que son copain Antonin vienne avec lui. Il lui envoie un courriel pour lui donner les informations importantes. Écrivez le message à sa place (60 à 80 mots dans votre cahier). Vous devez être convaincant. Utilisez les informations données dans le document ci-après.

Date : 10 juin	Objet : Des vacances équestres !
De : Tanguy	À : Antonin
....	

Rando équestre dans l'Aveyron

Organisateur : l'UCPA (Union nationale des centres sportifs de plein air).
Durée de la randonnée : 7 jours, il faut déjà avoir fait du cheval ; nuits sous la tente ; 6 à 7 heures de randonnée par jour.
Encadrement : randonnée avec animateurs compétents.

Dates possibles : 29 juillet au 5 août, 16 août au 22 août.

Prix : 480 €
(UCPA Juniors : 13-17 ans)

PRODUCTION ÉCRITE

81

PRODUCTION ÉCRITE — Je m'entraîne

15 Constance aime les piscines à vagues. Elle veut organiser une sortie à la piscine de Chantilly, parce que dans la ville où elle habite il n'y en a pas. Elle envoie un courriel collectif à ses copains de classe, pour leur demander s'ils veulent participer à la sortie, où elle précise :
– le jour (samedi après-midi), ;
– le lieu (à …). ;
– le moyen de transport (en train, en car, en vélo, …) ;
– le lieu et l'heure du rendez-vous ;
– les choses à emporter ;
– le prix de l'entrée (10 €) ;
– l'heure du retour, pour avertir les parents.
Écrivez le courriel à la place de Constance (60 à 80 mots dans votre cahier).

Date :	Objet : Sortie aquatique !
De : Constance	À : Camille, Mathilde, Ludivine, Grégory, Antoine, Axelle

....

C Écrire pour répondre

Pour répondre favorablement

16 Solal répond à Tanguy par lettre (exercice 12), et lui dit qu'il assistera sûrement à la finale, avec ses copains de classe, et qu'ils encourageront l'équipe parisienne. Il lui dit qu'il est content d'avoir cette occasion de le revoir. Il lui demande s'il ne pourrait pas rester au moins un jour à Lyon, chez lui, après le match. Il lui dit de bien s'entraîner pour gagner. Écrivez la lettre à sa place (60 à 80 mots dans votre cahier).

17 Antonin a reçu l'invitation de Tanguy (exercice 14) et il lui répond par courriel. Il le remercie de toujours penser à lui comme compagnon pour la randonnée à cheval. Il dit qu'il est très intéressé, et il explique pourquoi, mais il dit qu'il doit demander à ses parents. Il n'y compte pas trop et il explique pourquoi. Il dit que la seule date possible pour lui serait le 29 juillet et il explique pourquoi. Il dit à Tanguy qu'il l'avertira le plus tôt possible. Écrivez le message à sa place (60 à 80 mots dans votre cahier).

Je m'entraîne

PRODUCTION ÉCRITE

Date :	Objet : Réponse à ton invitation
De : Antonin	À : Tanguy

....

■ **Pour répondre négativement et s'excuser**

18 Vous étiez invité(e) chez Axelle pour son anniversaire, mais la veille, vous avez de la fièvre, et vous ne pourrez pas y aller. Problème : vous deviez apporter des petits gâteaux. Vous écrivez un courriel à Axelle, pour vous excuser, expliquer pourquoi vous ne pourrez pas venir et lui suggérer une solution, pour les petits gâteaux. Vous lui souhaitez un bon anniversaire et vous lui dites que vous espérez qu'ils s'amuseront bien. (60 à 80 mots dans votre cahier).

Date :	Objet : Désolée pour ton anniversaire !
De :	À : Axelle

....

■ **Pour féliciter ou remercier**

19 Vous recevez ce mail de Tanguy. Vous lui écrivez un courriel pour le féliciter et l'encourager à continuer l'an prochain le volley (60 à 80 mots dans votre cahier).

Date :	Objet : Hourrah !
De : Tanguy	À :

On a gagné la coupe intercollèges de volley ! J'étais triste parce que nous avions perdu la coupe régionale des clubs, mais cette fois-ci tout a marché et nous avons gagné. Nous sommes très, très contents… et fiers.
Et vous, où en êtes-vous de vos compétitions ?
Amitiés. Tanguy

Date :	Objet : Félicitations !
De :	À : Tanguy

....

83

PRODUCTION ÉCRITE

Je m'entraîne

20 Votre correspondant français, que vous avez reçu chez vous, vous a envoyé un cadeau par la poste. Il vous écrit une petite carte à laquelle vous répondez à votre tour pour dire que vous avez reçu le cadeau (60 à 80 mots dans votre cahier).

> Cher ....,
> J'ai été très heureux d'être accueilli chez toi. Je voudrais remercier toute ta famille. Je vous ai envoyé par la poste des cadeaux, un pour tes parents, et un pour toi. Fais-moi signe quand tu les recevras, car j'ai toujours peur que les paquets se perdent.
> Amicalement.
> Jean

Production ORALE

Qu'est-ce qu'on vous demande ?

- L'entretien oral se déroule en trois parties. La première partie est sans préparation. Vous aurez 10 minutes pour préparer les sujets des parties 2 et 3. Vous ne pourrez pas écrire tout ce que vous allez dire, mais vous noterez simplement quelques idées.

- *Première partie : l'entretien dirigé*
  L'examinateur vous pose des questions. Vous devez répondre pour :
  - vous présenter (nom, prénom, âge, classe) ;
  - présenter votre famille, vos amis ;
  - parler de vos goûts, des activités que vous faites.

- *Deuxième partie : le monologue suivi*
  - Vous tirerez un papier sur lequel sont indiqués deux sujets ayant trait à votre vie quotidienne (décrire une journée, parler de vos vacances, parler de votre pays, etc.).
  - Vous en choisirez un.

- *Troisième partie : le dialogue simulé*
  - L'examinateur vous proposera deux situations de la vie quotidienne (un dialogue dans un magasin, un dialogue entre deux amis, entre des parents et leur enfant, etc.).
  - Vous en choisirez un.
  - L'examinateur jouera un rôle et vous jouerez l'autre rôle.
  - Vous n'oublierez pas les formules de politesse, pour saluer, demander, remercier, prendre congé, etc.

Quelques conseils pour vous aider

- Pour vous préparer efficacement, vous devez prononcer à haute voix tous les exercices proposés.

- Enregistrez-vous si vous le pouvez. Quand vous vous réécouterez, vous entendrez mieux vos « erreurs » de prononciation et vous pourrez mieux vous corriger.

- Le jour de l'examen, ne paniquez pas. Respirez avant de commencer. Parlez clairement. Articulez !

PRODUCTION ORALE

Je me prépare

A Saluer, aborder quelqu'un

Les formules de salutation

● Quand on se rencontre :
– salutations formelles : *Bonjour (monsieur, madame, mademoiselle, maman, Axelle…)* ;
– salutations familières : *Salut (Axelle, les filles…).*

● Quand on se quitte :
– salutations formelles : *Au revoir (monsieur, madame, mademoiselle, papa, Tanguy…)* ;
– salutations familières : *Salut (Tanguy, les filles) / À bientôt / À plus tard / À tout à l'heure / À demain.*

1 Quelles expressions sont utilisées pour saluer ? Complétez, puis jouez les dialogues à deux. Il y a quelquefois plusieurs possibilités. ...../ 9

1. – Bonjour, monsieur.
   – ...., les enfants.
2. – ...., Camille.
   – À plus tard.
3. – Bon, ben, tchao, à tout à l'heure.
   – D'accord, ..., ...
4. – ...., Marine.
   – ...., madame.
5. – Bon, alors .... madame, à dimanche.
   – ...., monsieur, d'accord, ...

2 Complétez les bulles. ...../ 4

Demander des nouvelles

Révisez les formules de politesse pour prendre et donner des nouvelles d'une personne :
– *Comment ça va ? / Tu vas bien ? / Ça va ? / Comment allez-vous ?*
– *Ça va. / Merci, ça va très bien. / Merci, ça va à peu près. / Bien, merci.*

Bulles :
- Salut, Camille, comment ça va ?
- Bonjour, madame ....
- ...., merci. Et vous ?
- ...., Amandine, ... ?
- ...., Madame Fourrier. .... ?
- ...., et vous ?

1  2  3  4

86

Je me prépare

Interpeller quelqu'un

- Révisez les expressions pour s'adresser à quelqu'un d'inconnu : *pardon, excusez-moi, s'il vous plaît*.
- Attention, on utilise aussi *pardon* pour s'excuser : *Pardon monsieur, je suis désolé, je ne vous avais pas vu.*

3 Complétez les dialogues par l'expression qui convient : *pardon, excusez-moi, s'il vous plaît*. ..../ 3

1. .... mademoiselle, l'addition !

2. .... madame, vous pourriez m'indiquer où je peux trouver une pharmacie ?

3. .... Je me suis perdu. Je cherche la rue Émile Zola.

Comptez vos points !

TOTAL ...../16
🟢 total ≥ 8
🔴 total < 8

B Parler de sa famille

4 Tanguy présente sa famille. Observez son arbre généalogique et complétez le texte de présentation à haute voix. ..../ 13

La famille

Révisez le lexique de la famille : *le père, la mère...*

Branche paternelle

- Monique d'Auteville 63 ans
- Gérard Bornand 63 ans

Branche maternelle

- Michelle Martin 59 ans
- Jean-Paul Debard 58 ans

- Éric Durieux 40 ans
- Cécile 38 ans
- Fabrice 40 ans
- Magali 39 ans
- Clotilde (divorcée) 35 ans

- Thomas 12 ans
- Emma 8 ans
- Tanguy 15 ans
- Axelle 14 ans
- Gabriel 9 ans
- Chloé 15 ans

Les adjectifs possessifs

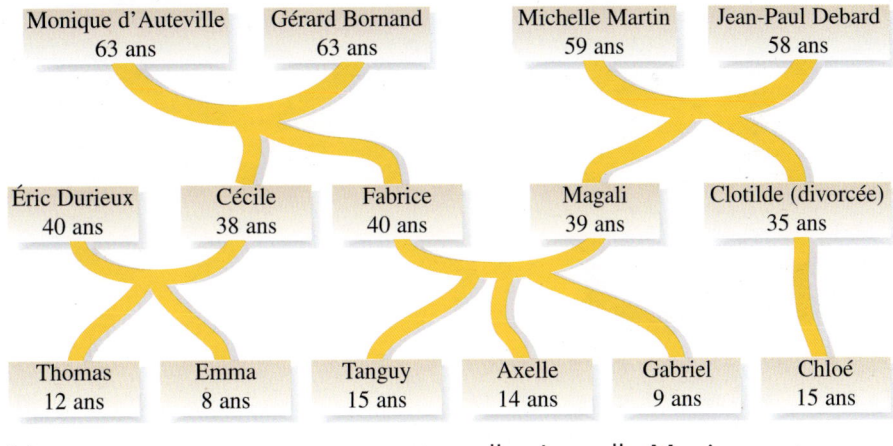

Révisez les adjectifs possessifs p. 11.

Ma .... paternelle s'appelle Monique, et mon .... paternel s'appelle Gérard. Ils ont eu deux .... : mon ...., Fabrice, et ma .... Cécile. Ma .... Cécile est mariée avec mon .... Éric. Ils ont deux ...., mon .... Thomas, qui a 12 ans, et ma .... Emma, qui a 8 ans. Ma .... s'appelle Magali ; j'ai une ...., Axelle, qui a 14 ans, et un petit ...., Gabriel, qui a 9 ans.

PRODUCTION ORALE

87

PRODUCTION ORALE

Je me prépare

5 Comment Axelle présente-t-elle sa famille ? Elle parle aussi de ses grands-parents maternels, et indique l'âge de ses parents et de ses frères et sœurs. Faites-le oralement à sa place. ..../ 6

LANGUE — Les professions

Révisez les noms de professions les plus courants (p. 61).

6 Présentez oralement votre famille (sept personnes au moins) à un ami. L'ami vous pose des questions : *Quel âge il a ? Il est marié ? Il a des enfants ?* Etc. ..../ 7

7 Axelle parle de la profession des personnes de sa famille (six personnes). Inventez la suite. Enregistrez-vous pour pouvoir vous corriger. ..../ 6

Exemple : Mon grand-père Gérard est commerçant, ma grand-mère Monique était ...., mais elle ne travaille plus, ...

Comptez vos points !

TOTAL ..../ 40
● total ≥ 20
● total < 20

8 Présentez oralement la profession ou l'activité de vos parents (père, mère, oncles, tantes, cousins : six personnes). Demandez à votre professeur si vous ne connaissez pas un mot dont vous avez besoin. ..../ 8

C Décrire

LANGUE — La description physique

● Révisez les formules pour décrire une personne p. 62 et p. 63.
● Révisez les adverbes suivants pour nuancer une description : *très, trop, plutôt, assez.*
– Je suis <u>très</u> grand, elle est <u>plutôt</u> petite.
– J'ai les cheveux <u>assez</u> longs, il est <u>assez</u> gros.

9 Décrivez-vous vous-même oralement (six traits physiques au moins). ..../ 6

10 En classe, un élève décrit (six traits physiques au moins) un camarade, sans le nommer. Les autres doivent deviner de qui il parle. Le premier qui devine décrit à son tour un autre camarade. ..../ 6

Je me prépare

PRODUCTION ORALE

Exprimer son accord

● Révisez les formules pour exprimer votre accord :
– C'est (tout à fait, absolument) vrai.
– Je suis (tout à fait, absolument) d'accord.
– Tu as raison.
– Moi, je trouve que oui.

● Révisez les formules pour exprimer votre désaccord :
– Ce n'est (absolument) pas vrai. C'est faux.
– Je ne suis (absolument) pas d'accord.
– Tu as tort.
– Moi, je trouve que si / que non.

11 Comment je me vois ? Comment les autres me voient-ils ? Travaillez en groupes. Chacun décrit oralement son caractère (quatre caractéristiques au moins) comme il se voit. Ensuite, les autres disent s'ils sont d'accord ou pas. ..../ 6

Exemple :
– *Je suis très généreuse.*
– *Non, ce n'est pas vrai !*
– *Si, c'est vrai, elle est généreuse.*

12 Par groupe de deux : l'un(e) décrit oralement sa chambre, indique très précisément la position de chaque meuble ou objet (au moins dix), et l'autre essaie de la dessiner. S'il se trompe, le premier donne des précisions supplémentaires. Ensuite, changez de rôle. Travaillez avec un camarade qui ne connaît pas votre chambre. ..../ 10

Décrire une maison, une pièce

● Révisez les mots et expressions pour situer dans l'espace p. 18.

● Révisez les formules pour décrire une maison p. 64.

Comptez vos points !

TOTAL ..... /28
● total ≥ 14
● total < 14

D Poser des questions, s'informer

L'interrogation « totale » (réponse : oui / non)

Révisez les formulations de l'interrogation :
– **avec l'intonation** (familier, courant) :
– Tu vas au cinéma ?
– **avec Est-ce que...** (familier, courant) :
– Est-ce que tu viens au cinéma avec moi ?
– **avec l'inversion du sujet pronominal et du verbe** (écrit et oral formel) :
– Avez-vous une adresse courriel ?
– **avec la reprise du nom par le pronom inversé** :
– Le film est-il intéressant ?

13 Axelle pose des questions à Tanguy. Faites-le pour elle, d'abord avec l'intonation, ensuite avec *est-ce que...* Elle lui demande : ..../ 7

1. s'il a faim. ➔ *Tu as ... ?*
2. si elle peut prendre un coca.
3. s'il a gagné (son match de basket).

89

PRODUCTION ORALE

Je me prépare

4. s'il a fini ses devoirs.

5. s'il veut aller au cinéma avec elle.

6. si son *i-pod* marche.

7. s'il a vu ses baskets.

LANGUE — L'interrogation partielle

Révisez les formulations de l'interrogation partielle :
– **en langue courante orale** :
mot interrogatif + pronom sujet + verbe :
– *Où tu habites ?*
sujet + verbe + mot interrogatif :
– *Ton cousin habite où ?*
– *Tu as combien de CD ?*
mot interrogatif + est-ce que + sujet + verbe :
– *Où est-ce que tu habites ?*
– **en langue formelle écrite** :
mot interrogatif + (nom) + verbe + pronom sujet :
– *Où êtes-vous né ? /*
Où votre père est-il né ?

14. Tanguy a un nouveau copain. Il lui pose des questions, d'abord avec le mot interrogatif après le verbe, ensuite avec *est-ce que*. Posez les questions oralement à sa place. ..../ 8

1. Où tu habites ?

2. Comment tu t'appelles ?

3. Quel âge tu as ?

4. En quelle classe tu es ?

5. À quelle heure tu sors aujourd'hui ?

6. Avec qui tu vas au cinéma ?

7. Combien tu as de DVD ?

8. Depuis quand tu habites à Paris ?

15. Axelle s'inscrit à un cours de musique. La secrétaire lui pose des questions en inversant le sujet et le verbe. Faites la transformation et posez vous-même les questions. ..../ 8

1. Vous vous appelez comment ?

2. Vous avez quel âge ?

3. Vous habitez où ?

4. Pourquoi est-ce que vous voulez vous inscrire ?

5. Depuis combien de temps est-ce que vous faites de la musique ?

6. Vous avez appris avec qui ?

7. Vous voulez jouer de quel instrument ?

8. À quel moment est-ce que vous préférez venir ? Le matin ou l'après-midi ?

LANGUE — L'interrogation avec qui, que, quoi

Révisez la formulation de l'interrogation :
– **avec *qui* pour les personnes** :
sujet : – *Qui viendra ? / Qui est-ce qui viendra ?*
objet : – *Qui est-ce que tu invites ?*
après une préposition :
– *À qui est-ce que tu parles ?*

– **avec *que*, *quoi* pour les choses** :
sujet : – *Qu'est-ce qui se passe ?*
objet : – *Qu'est-ce que vous faites ? / Que faites-vous ? / Vous faites quoi ?*
après une préposition :
– *Avec quoi tu le fais ?*
– *À quoi tu penses ?*

Je me prépare

16 Quelle réponse correspond à quelle question ? Reliez-les, puis jouez les dialogues à deux. ..../ 8

1. Qui a téléphoné ?
2. Qu'est-ce que Léo t'a dit ?
3. Qui est-ce que tu as rencontré ?
4. Avec qui tu es allé au cinéma ?
5. Lucas fait quoi, en ce moment ?
6. À quoi tu t'intéresses ?
7. De quoi tu as besoin, pour ton gâteau ?
8. Qu'est-ce qui se passe ?

a. Je ne sais pas. J'ai entendu du bruit.
b. de quatre œufs et d'un pot de crème
c. des copains
d. avec Gaëlle
e. Il fait un stage de parapente.
f. à l'informatique
g. Il m'a dit qu'il viendra samedi.
h. Emma

L'interrogation avec quel et lequel

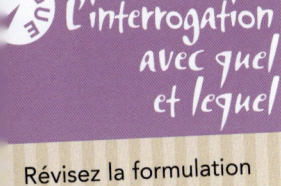

Révisez la formulation de l'interrogation :
– **avec quel** :
– Quel est ton plat préféré ?
– Quelle musique tu aimes ?
– Quels sont tes chanteurs préférés ?
– Quelles chansons tu préfères ?
– **avec lesquels** :
– Passe-moi ces CD.
– Lesquels ?
– **avec lesquelles** :
– Et passe-moi ces cassettes.
– Lesquelles ?

17 Tanguy dit ce qu'il voudrait, mais il n'est pas assez précis. Que lui demande le commerçant ? Complétez, puis jouez ces débuts de dialogues par groupes de deux. ..../ 9

1. – Vous désirez ?
– Je voudrais un CD de Renaud.
– Oui, ... CD ?

2. – Je voudrais du jambon, s'il vous plaît.
– Oui, ... voulez-vous, celui-ci ou celui-là ?

3. – Il me faut un cahier de dessin, s'il vous plaît.
– Oui. .... modèle ? Grand ou petit ?

4. – Est-ce que je pourrais essayer ce pantalon ?
– .... ? Le jean ou le pantalon en coton ?
– Le pantalon en coton.
– Il vous faut .... taille ?
– Un 40, je pense.

5. – Je voudrais une pizza.
– .... vous voulez ? Nous en avons 25 différentes !

6. – Qu'est-ce qu'il vous faudrait ?
– Je pourrais essayer ces baskets ?
– .... ? Celles-ci ou celles-là ?
– Celles de la vitrine.
– .... couleur ? .... pointure il vous faut ?

Les pronoms démonstratifs

Révisez l'emploi des pronoms démonstratifs p. 28.

Comptez vos points !

TOTAL ..../ 40
● total ≥ 20
● total < 20

PRODUCTION ORALE

91

PRODUCTION ORALE

Je me prépare

E — Répondre en utilisant les pronoms

18 Répondez à Axelle ; ne répétez pas le nom, utilisez le pronom complément. Complétez les dialogues et jouez-les à deux. …/ 6

1. – Tu aimes la pizza ?

– Oui, ………………………………… adore !

2. – Tu connais les Rolling Stones ?

– Non, je ………………………………… .

3. – Tu as acheté le cadeau pour Tanguy ?

– Oui, je ………………………………… hier.

4. – Tu m'invites à ton anniversaire ?

– Bien sûr, je …………………………………, et ton frère aussi !

5. – Tu nous téléphoneras, quand tu seras parti ?

– Promis, je ………………………………… souvent.

6. – Vos parents vous emmènent avec eux, au théâtre ?

– Non, ils ………………………………… Mais nous de toutes façons, on n'aime pas le théâtre !

LANGUE

Les pronoms personnels couplés

- 1re ou 2e personne COI + 3e personne COD :
*tu me le donnes,
je te la donne.*

- 3e personne COD + 3e personne COI :
*il le lui donne,
elle la leur donne.*

---

19 Axelle demande à Tanguy s'il a pensé à la fête qu'il doit faire pour son anniversaire ; il répond, avec des pronoms (un ou deux selon les cas) à la place des noms. Complétez le dialogue et jouez-le à deux. …/ 14

– Tu as téléphoné à tes copains ?

– Oui, je ……………… ai téléphoné.

– Tu as dit à Camille d'apporter des CD pour danser ?

– Oui, je ………………………………… ai dit.

– Et à Maxime et à Vincent, qu'est-ce que tu ……………… as dit d'apporter ?

– À ………………, je ……………… ai dit d'apporter des boissons.

– À moi, tu ……………… demandes toujours de faire un gâteau ?

– Ben oui, je ……………… demande, si tu es toujours d'accord !

– Tu as demandé à papa un nouvel i-pod ?

– Oui, je ……………… ai demandé. On verra bien !

– Et à maman, tu ……………… demandes quelque chose ?

– Oui, je ……………… ai demandé de ……………… offrir un abonnement à *Sciences et Vie junior*.

Comptez vos points !

TOTAL …./20

● total ⩾ 10

● total < 10

92

Je me prépare

F — Parler d'événements futurs

20 Axelle va partir en vacances chez sa cousine Chloé de Nice. Observez son agenda, et dites ce qu'elle va faire, avec le verbe au futur. Précisez le jour et l'heure ou le moment de la journée. …/ 12

Lundi	Mardi	Mercredi	Jeudi	Vendredi
- 9 heures : aller chez le dentiste - après-midi : faire les vitrines, avec Ludivine - 19 heures : manger pizza avec les copines	- matin : dormir jusqu'à 11h ! - 15 heures : rendre visite à grand-mère - Soir : regarder « La fille de D'Artagnan » sur TF1	- matin : préparer mon sac pour les vacances - après-midi : faire les derniers achats pour les vacances	- 7 heures : appeler un taxi - 8 heures : prendre le train pour Nice - Vers 5 heures : prendre mon premier bain	- toute la journée : rester sur la plage, envoyer des cartes postales aux copains

21 La mère de Chloé raconte les projets des deux filles à sa sœur Magali. Elle dit *elles*. Dites-le à sa place oralement. *Exemple : Demain, elles…* …/ 7

aller sur la plage – passer la journée à bronzer – se baigner – jouer au beach-volley – manger un sandwich à midi – rentrer seulement le soir – après le dîner, faire une balade en rollers sur la Promenade des Anglais – connaître des nouveaux copains – apprendre à danser – faire les magasins quelquefois

22 Tanguy a beaucoup de projets, mais il y a des conditions. Formulez oralement ses projets en suivant l'exemple. …/ 7

> Je vais voir le match France - Allemagne, si mon père est libre et m'accompagne.

1. Aller à la fête chez Théo. Condition : les parents viennent le chercher en voiture.

2. Aller au concert de Vincent Delerm. Condition : il reste des billets.

3. Pouvoir aller en finale de la coupe des collèges. Condition : s'entraîner tous les jours.

4. Tenir un blog. Condition : les parents me laissent accéder à Internet.

5. Apprendre à jouer du saxo. Condition : avoir assez d'argent pour acheter l'instrument.

6. Faire un stage de spéléologie. Condition : il ne pleut pas trop.

LANGUE — l'expression de la condition

Pour formuler une condition : verbe au futur + *si* + verbe au présent.
J'irai à la mer si je réussis mes examens.

Comptez vos points !

TOTAL …/26
- 🟢 total ≥ 13
- 🔴 total < 13

PRODUCTION ORALE

93

PRODUCTION ORALE

Je me prépare

G Raconter des faits passés, un souvenir

Les temps du passé

- Révisez l'emploi des temps du passé p. 52.
- Attention à l'auxiliaire pour les verbes *aller, venir* (p. 69).

23 Racontez ce que vous faisiez quand vous étiez petit(e) (quatre choses). …/ 4

24 Tanguy raconte un souvenir. Complétez avec les verbes entre parenthèses au temps qui convient. Puis récitez-le à haute voix. …/ 24

Quand j'(avoir) ………………… 12 ans, on (faire) ………………… un camp avec un moniteur. On (être) ………………… à la montagne, et il n'(y avoir) ………………… personne d'autre. Le premier soir, on (préparer) ………………… le repas, on (manger) …………………, puis on (ne pas avoir envie) ………………… de faire la vaisselle. On (laisser) ………………… la vaisselle à côté de la tente, et on (passer) ………………… la soirée à chanter et à faire des jeux. On (aller) ………………… se coucher à minuit. Quand on (commencer) ………………… à s'endormir, on (entendre) ………………… des bruits autour de la tente. Quelqu'un (déplacer) ………………… les assiettes et les casseroles. On (commencer) ………………… à avoir très peur. On (penser) ………………… qu'il (y avoir) ………………… des malfaiteurs, mais personne n'(oser) ………………… sortir pour aller voir. On (être) ………………… tous paralysés de peur. Enfin, vers 4 heures, le calme (revenir) ………………… et on (sortir) …………………. On (comprendre) ………………… que des chiens (venir) ………………… lécher la vaisselle qu'on (laisser) ………………… dehors ! Les soirs suivants, on (laver) ………………… la vaisselle avant d'aller se coucher !

25 Racontez à un camarade ce que vous avez fait hier (quatre choses). Enregistrez-vous pour pouvoir vous corriger. …/ 4

26 Racontez un souvenir personnel. Précisez : où, quand, avec qui, ce qui s'est passé, quels ont été vos sentiments, comment ça s'est terminé. …/ 6

Comptez vos points !

TOTAL …/ 38
● total ⩾ 19
● total < 19

Je me prépare

H Suggérer de faire quelque chose

Suggérer de faire quelque chose

● Pour suggérer à quelqu'un de faire quelque chose, utilisez :
– *et si* + verbe à l'imparfait : *Et si tu faisais tes devoirs ?*
– le conditionnel présent : *tu pourrais…, tu devrais…, on devrait…*

● Révisez aussi les formules p. 29.

27 Dites-le d'une façon moins directe, avec le verbe au conditionnel. …. / 6

1. Tu dois aller voir le dernier film de Jean-Pierre Jeunet.
2. On peut organiser quelque chose, pour la fin de l'année.
3. Je veux aller entendre le concert de Pauline Croze.
4. Vous devez travailler plus régulièrement !
5. Tu fais ça, pour me faire plaisir ?
6. Vous pouvez parler plus lentement ?

28 Faites des suggestions à un ami avec : *Et si tu… ?* Puis faites la même chose avec plusieurs amis, avec : *Et si vous… ?* …. / 8

1. s'inscrire au club photo du collège
2. changer la décoration de sa chambre
3. venir en vacances quelques jours avec vous
4. aller donner un coup de main aux copains

29 Faites les suggestions ci-dessus, d'abord à un ami, puis à plusieurs, en utilisant le conditionnel. …. / 10

Exemple : Tu pourrais / Tu devrais t'inscrire… ; Vous pourriez / Vous devriez vous inscrire…

30 Formulez oralement des propositions avec *Et si on… ?* …. / 6

1. faire une fête française pour la fin de l'année
2. organiser un petit orchestre au collège
3. partir tous ensemble une semaine, en camping
4. acheter tous ensemble un cadeau à Marie pour son anniversaire
5. aller au cirque pour voir un spectacle de chevaux
6. prendre des billets pour le prochain concert de Sting

Comptez vos points !

TOTAL …. /30
● total ⩾ 15
● total < 15

PRODUCTION ORALE

95

PRODUCTION ORALE

Je me prépare

I. Faire des suppositions

LANGUE

Faire des suppositions

Pour formuler des suppositions, utilisez les formules suivantes :
– *peut-être* : *peut-être que…*
– *si* + imparfait + conditionnel :
Si Hadrien venait, on s'amuserait bien.

31 Pendant ses vacances, Axelle ne téléphone pas à ses copines, et elle ne répond pas si on l'appelle. Ses copines font des suppositions : *Peut-être que…* Formulez oralement les suppositions à leur place. …/ 6

1. Elle ne pense plus à nous.
2. Elle a perdu son portable.
3. Elle a rencontré quelqu'un.
4. Elle est toute la journée dans l'eau.
5. Elle n'a pas le temps de téléphoner.
6. Elle est fâchée avec nous.

32 Tanguy raconte à un copain ce qu'il ferait si … Dites-le à sa place. …/ 8

Si je pouvais, j'irais me baigner.

1. avoir 18 ans ➜ partir en vacances seul
2. avoir de l'argent ➜ acheter un nouvel ordinateur
3. aller à la montagne ➜ faire du parapente
4. habiter en Italie ➜ manger des pizzas tous les jours
5. avoir le temps ➜ passer la journée à surfer sur Internet
6. pouvoir choisir où aller en vacances ➜ aller au Maroc
7. habiter sur la Côte d'Azur ➜ se baigner six mois par an
8. avoir des copains musiciens ➜ monter un petit orchestre

Comptez vos points !

TOTAL …/ 22
🟢 total ≥ 11
🔴 total < 11

33 Et vous, que feriez-vous, dans les circonstances évoquées par Tanguy ? …/ 8

Je me prépare

J. Demander et donner des conseils

Demander des conseils

Révisez les formules suivantes :
– Qu'est-ce que je peux / je pourrais faire ?
– Qu'est-ce que vous me conseillez ?
– Tu as un conseil à me donner ?
– Qu'est-ce que tu ferais, à ma place ?

34 Sarah, une copine d'Axelle, a des problèmes, et elle lui demande conseil. ..../ 8

a) Trouvez dans la colonne 2 le conseil qui convient pour chaque problème de la colonne 1. Reliez, puis lisez les dialogues.

1. Je suis trop grosse.
2. Je n'ai rien compris, en cours de maths.
3. Je ne sais pas quoi faire, pendant les vacances.
4. Je n'ai plus rien à lire.
5. J'aimerais bien savoir dessiner.
6. Je voudrais apprendre à jouer d'un instrument.
7. Je n'ai pas assez de muscles.
8. Je suis nulle en anglais.

a. Va à la bibliothèque de ton quartier.
b. Dis-le à ton prof, il t'expliquera de nouveau.
c. Va faire un camp à la montagne, avec tes copains.
d. Va te renseigner dans une école de musique.
e. Achète des crayons, et prends une bonne méthode.
f. Va passer un mois en Angleterre.
g. Inscris-toi à un club de sport.
h. Mange un peu moins de gâteaux.

Donner des conseils

Révisez les formules suivantes :
– Tu pourrais / vous pourriez…
– Tu devrais / vous devriez…
– Je te / vous conseille de…
– Il vaut (vaudrait) mieux que + subjonctif (subjonctif p. 73)
– Si j'étais toi / à ta place, je ferais…

b) Par deux, créez les dialogues ; un demande conseil, l'autre conseille. Enregistrez-vous. ..../ 8

35 Cette fois, Sarah demande conseil à un adulte de son collège. Créez les dialogues de l'exercice 34 en utilisant le pronom *vous*. ..../ 8

Comptez vos points !

TOTAL ..... /24
● total ≥ 12
● total < 12

PRODUCTION ORALE

97

PRODUCTION ORALE

Je me prépare

K — Expliquer et convaincre

LANGUE

Demander et donner des explications

Révisez les formules p. 75.

36 Axelle veut convaincre ses parents qu'elle a pris de bonnes décisions. Pour chaque décision (1re colonne), trouvez les trois arguments appropriés (2e colonne), puis par groupe de deux, jouez la scène entre Axelle et ses parents. …/ 12

1. Elle a décidé de faire de la guitare.

2. Elle a décidé d'ouvrir un blog.

3. Elle a décidé de faire médecine plus tard.

4. Elle a décidé de faire un séjour linguistique en Allemagne.

a. Ça oblige à écrire.
b. C'est une langue utile.
c. Cela permet d'échanger des idées avec les autres.
d. J'ai envie de connaître un autre pays.
e. Je partirai dans les pays sous-développés.
f. Je pourrai jouer avec l'orchestre du collège.
g. Je trouve que c'est un métier intéressant.
h. Je veux me rendre utile.
i. Ma meilleure amie va aussi à Berlin.
j. On peut l'emmener partout en voyage.
k. Tous les copains ont un blog.
l. Une guitare, ça n'est pas très cher.

37 Imaginez la situation suivante : un contrôle de français était prévu pour jeudi. Mais mercredi, toute la classe va encourager l'équipe de volley du collège, et les élèves de la classe n'auront pas le temps de réviser. Vous êtes délégué de classe. Vous allez demander (en formulant six arguments) au professeur de reporter le contrôle au vendredi ou au lundi. Préparez le dialogue à deux, puis jouez-le et enregistrez-vous. …/ 6

Comptez vos points !

TOTAL …/ 18
🟢 total ≥ 9
🔴 total < 9

98

Je me prépare

L — Se mettre en colère

s'indigner

Révisez les expressions suivantes (classées de la plus faible à la plus forte) :
– Ce n'est pas juste ! / C'est injuste
– C'est inadmissible !
– C'est scandaleux ! / C'est un scandale !
– C'est honteux ! / C'est une honte !

se disputer

Voici quelques expressions souvent utilisées lors d'une dispute :
– Ah non ! Encore ! J'en ai assez ! / J'en ai marre ! Tu exagères !
– Ce n'est pas vrai ! Tu dis des mensonges ! / Tu es un menteur !
– Tu es un égoïste ! / Tu ne penses qu'à toi !
– C'est nul ! / Ça ne m'intéresse pas ! / C'est complètement idiot, ce que tu dis !

Comptez vos points !

TOTAL ..... / 18
🟢 total ≥ 9
🔴 total < 9

---

38 Comment réagir dans les cas suivants ? Choisissez selon votre sensibilité, et jouez les dialogues à deux. Attention à l'intonation ! Enregistrez-vous. ..../ 8

1. Léo ne fera pas le prochain match parce qu'il est antipathique à l'entraîneur.
2. Des millions d'enfants dans le monde meurent de faim.
3. Les gens qui fabriquent ces baskets gagnent 5 € par jour.
4. Mon devoir est presque tout juste, et le prof m'a mis seulement 12 / 20.
5. Il y a des tas de grosses voitures en ville, qui polluent pour rien.
6. Il y a des gens qui prennent leur voiture pour faire 100 mètres.
7. Dans les pays pauvres, des enfants de 4 ans sont obligés de travailler !
8. Les filles ont moins de possibilités de travail que les garçons.

39 Il y a sûrement d'autres choses qui vous indignent. Exprimez-en six. ..../ 6

Exemple : C'est scandaleux que…

40 Axelle et Tanguy s'entendent bien, en général, mais ils se disputent, aussi, quelquefois. Surtout quand c'est le moment de décider quelle émission regarder à la télévision. Complétez leur « dialogue » avec les phrases de votre choix qui conviennent, puis jouez-le à deux. Attention il doit être animé ! ..../ 4

Tanguy : – Bon, ce soir on regarde le match France-Italie.

Axelle : – ....

Tanguy : – Ah ! *Nouvelle Star*, c'est complètement idiot !

Axelle : – ....

Tanguy : – Si tu ne veux pas regarder le foot, va dans ta chambre !

Axelle : – ....

Tanguy : – Bon, eh bien, reste au salon, et regarde le match !

Axelle : – ....

Tanguy : – C'est toi qui es égoïste !

Le père : – Bon, je vais vous mettre d'accord. Vous ne regardez ni le foot, ni *Nouvelle Star*. Vous allez chacun dans votre chambre !

PRODUCTION ORALE

99

PRODUCTION ORALE

Je me prépare

M Dire qu'on n'a pas compris

Dire qu'on n'a pas compris

● Révisez les formules pour dire que vous n'avez compris :
– *Comment ? Je n'ai pas compris.*
– *Qu'est-ce que c'est, un (le)… ?* – *Qu'est-ce que ça veut dire ?*
– *Un quoi ?* (à la place d'un nom : familier)

● Révisez les formules pour demander de répéter :
– *Tu peux répéter, s'il te plaît ?*

● Révisez les formules pour demander de parler moins vite :
– *Vous pouvez parler moins vite (plus lentement), s'il vous plaît ?*

41 Vous ne comprenez pas les mots soulignés. Dites-le, et demandez des explications. Trouvez d'abord dans la colonne 2 l'explication des mots soulignés. Variez la formulation. Jouez par deux les dialogues de trois répliques, comme dans l'exemple, et enregistrez-vous.   …. / 6

EST CE QUE TU AIMES LE CLAFOUTIS ?

LE QUOI ?

LE CLAFOUTIS, UN GÂTEAU AUX CERISES.

1. J'aimerais bien faire du <u>parapente</u>.

2. Tu as un <u>dico</u>, par hasard ?

3. Toi, tu as un <u>correspondant</u> ?

4. Il y a longtemps que tu connais ce <u>mec</u> ?

5. Tu veux qu'on fasse un <u>flan</u>, pour ce soir ?

6. <u>J'en ai marre</u>.

a. Un dictionnaire. C'est un mot familier.

b. Ce garçon. C'est un mot familier.

c. Une sorte de crème, avec du lait, des œufs et du sucre.

d. C'est un sport, avec une aile, une sorte de parachute.

e. J'en ai assez, je suis fatiguée.

f. Une personne, à qui tu écris dans une autre langue.

Comptez vos points !

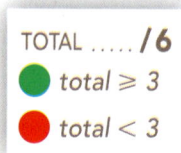

TOTAL …… /6
● total ≥ 3
● total < 3

Je m'entraîne

Dans cette section, certains exercices sont accompagnés d'un enregistrement ; ils sont signalés par 💿.

PRODUCTION ORALE

A Saluer l'examinateur et comprendre ses indications

1. Hannah passe l'épreuve de production orale. Lisez les questions, écoutez le début de l'entretien et cochez les bonnes réponses. Vérifiez ensuite vos réponses à partir de la transcription donnée dans le livret.

1. Pour saluer l'examinateur, Hannah dit :
❏ Bonjour.   ❏ Bonjour monsieur.

2. L'examinateur demande à Hannah comment s'écrit son nom.
❏ vrai   ❏ faux

3. À Hannah, l'examinateur dit :
❏ tu.   ❏ vous.   ❏ on ne sait pas

4. Le sujet choisi par Hannah pour l'épreuve 2 est :
❏ parler d'un ami.   ❏ parler de sa ville.
❏ raconter un souvenir.   ❏ parler de ses prochaines vacances.

5. Cochez le sujet choisi par Hannah pour l'épreuve 3 :
❏ inviter un copain.   ❏ s'informer par téléphone.
❏ acheter un DVD.   ❏ acheter un jeu vidéo.

6. L'examinateur dit à Hannah :
❏ qu'elle pourra lire ses notes.
❏ qu'elle ne pourra pas lire ses notes.

7. À la fin, l'examinateur dit :
❏ au revoir, Hannah.   ❏ à plus tard.   ❏ à tout à l'heure, Hannah.

> **CONSEIL**
>
> Quand vous arrivez, saluez l'examinateur, et aussi quand vous partez. Vous devez lui dire *vous*. Selon les habitudes de votre pays, il vous dira *tu* ou *vous*.

2. Manuel aussi passe l'épreuve de production orale. Lisez les questions, écoutez le début de l'entretien et cochez les bonnes réponses. Vérifiez ensuite vos réponses à partir de la transcription donnée dans le livret.

1. À Manuel, l'examinatrice dit :   ❏ tu.   ❏ vous.   ❏ on ne sait pas

2. Est-ce qu'elle lui demande comment s'écrit son nom ?
❏ oui   ❏ non

3. Le sujet que Manuel a eu pour le monologue suivi est :
❏ raconter un souvenir d'enfance.
❏ parler de son animal favori.
❏ parler d'une personne.
❏ parler de son dernier week-end.

101

Je m'entraîne

PRODUCTION ORALE

4. Le sujet que Manuel a eu pour l'exercice en interaction est :
- ❏ un ami vous invite.
- ❏ vous allez acheter des fleurs.
- ❏ vous téléphonez à un copain pour aller au cinéma.
- ❏ vous organisez une fête avec un copain.

5. L'examinatrice demande à Manuel :
- ❏ Tu as compris ?
- ❏ Il y a quelque chose que tu n'as pas compris ?
- ❏ Tu as tout compris ?

6. À la fin, Manuel dit :
- ❏ Merci, madame. ❏ Au revoir, madame. ❏ Oui, madame.

B Répondre à des questions (entretien dirigé)

Parler de soi et de sa famille

🔊 3 Écoutez l'entretien dirigé d'Hannah, et cochez les questions qui lui ont été posées. Vérifiez ensuite vos réponses à partir de la transcription donnée dans le livret.

1. ❏ Quel âge avez-vous ?   ❏ Vous avez quel âge ?
   ❏ Vous avez déjà 14 ans ?

2. ❏ Il y a longtemps que vous faites du français ?
   ❏ Vous faites du français depuis combien de temps ?
   ❏ Il y a combien d'années que vous faites du français ?

3. ❏ Vos parents travaillent ?   ❏ Quel travail font vos parents ?
   ❏ Quel est le travail de vos parents ?
   ❏ Quelle est la profession de vos parents ?

4. ❏ Vous êtes fille unique ?   ❏ Est-ce que vous avez des frères ?
   ❏ Vous avez des frères et sœurs ?

5. ❏ Vous vous disputez souvent ?
   ❏ Vous vous disputez quelquefois ?   ❏ Vous vous entendez bien ?

6. ❏ Quels animaux avez-vous ?   ❏ Vous avez des animaux ?
   ❏ Il y a des animaux chez vous ?

LANGUE — Les animaux

Révisez les noms d'animaux domestiques :
un chien (mâle),
une chienne (femelle),
un chiot ; un chat,
une chatte, un chaton, etc.

LANGUE — L'expression de la durée

- Pour demander depuis combien de temps / depuis quand… :
  – Il y a combien de temps (mois, années) que tu fais du français ?

- Pour répondre :
  – Je fais du français (depuis + une durée) depuis trois ans / depuis la rentrée /(depuis + une date) depuis le 1er septembre.
  – Il y a trois ans que je fais du français (uniquement avec une durée).

102

Je m'entraîne

Parler de ses sentiments

- Si on a de bons rapports : *je l'aime bien / on s'entend bien / ils s'entendent bien.*
- Si on a de mauvais rapports : *je ne l'aime pas / ne s'entend pas / ils ne s'entendent pas, on se dispute / ils se disputent.*

4 Présentez oralement votre famille : dites l'âge et l'activité de chaque personne, et dites ce qu'elle aime et ce qu'elle n'aime pas. Enregistrez-vous. Quand vous vous réécouterez, vous entendrez vos erreurs ; essayez alors de vous corriger.

Parler de ses habitudes, de sa vie quotidienne

l'école

Révisez le lexique de l'école :
– **les professions scolaires** : *le professeur, le proviseur, un principal (= directeur du collège), un surveillant…*
– **les lieux de l'école** : *une salle, le gymnase…*
– **les matières scolaires** : *la biologie, l'histoire…*
– **les autres termes** : *un emploi du temps…*

5 Écoutez la suite de l'entretien dirigé d'Hannah et cochez les sujets abordés par l'examinateur avec elle. Vérifiez ensuite vos réponses à partir de la transcription donnée dans le livret.

1. ☐ la distance de chez Hannah à l'école
2. ☐ son moyen de transport pour aller à l'école
3. ☐ l'heure où elle se lève
4. ☐ le nombre d'heures de cours
5. ☐ l'heure des repas
6. ☐ ses occupations de l'après-midi
7. ☐ les émissions de télévision qu'elle regarde
8. ☐ ses sorties avec ses copains
9. ☐ ses occupations du dimanche
10. ☐ ses rapports avec ses parents

Parler de ses activités et de ses goûts

Indiquer la fréquence

Révisez les adverbes et les locutions adverbiales de fréquence suivants : *(presque) toujours, (assez) souvent, quelquefois, rarement, (presque) jamais, une fois par jour (par semaine, par an, …), tous les jours (toutes les années).*

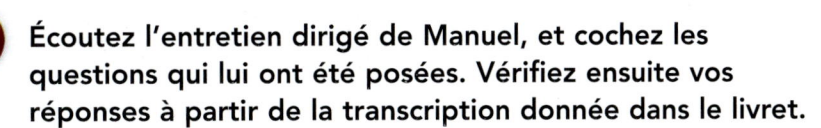

6 Écoutez l'entretien dirigé de Manuel, et cochez les questions qui lui ont été posées. Vérifiez ensuite vos réponses à partir de la transcription donnée dans le livret.

1. ☐ les sports que Manuel pratique
2. ☐ l'équipe de foot qu'il préfère
3. ☐ la fréquence de ses entraînements
4. ☐ l'endroit où il joue
5. ☐ les films qu'il aime
6. ☐ ses goûts musicaux
7. ☐ les instruments musicaux dont il joue
8. ☐ le groupe avec qui il joue
9. ☐ ses plats préférés

PRODUCTION ORALE

103

PRODUCTION ORALE

Je m'entraîne

7 Parlez de vous : de votre vie scolaire (classe, matières préférées, copains, …) et de vos autres activités (lecture, sport, musique, sorties, …) ; dites ce que vous aimez et ce que vous n'aimez pas. Enregistrez-vous pour mieux vous corriger ensuite.

■ **Simuler un entretien dirigé**

8 Lisez les questions de l'examinateur et préparez vos réponses, puis votre professeur jouera le rôle de l'examinateur.

1. – Vous avez quel âge ?
– ....

2. – Votre anniversaire est quand ?
– ....

3. – Vous faites une fête pour votre anniversaire ?
– ....

4. – Qui est-ce que vous invitez ?
– ....

5. – Vous êtes en quelle classe ?
– ....

6. – Votre école (collège) est loin de chez vous ?
– ....

7. – Comment est-ce que vous allez à l'école ? À pied ?
– ....

8. – Quelle est votre matière préférée ?
– ....

9. – Il y a une matière que vous n'aimez pas ?
– ....

10. – Pourquoi ?
– ....

11. – Et en dehors de l'école, vous pratiquez un sport ?
– ....

12. – Depuis quand ?
– ....

13. – Vous aimez la musique ?
– ....

14. – Quand est-ce que vous en écoutez ?
– ....

CONSEIL

Aux questions de l'examinateur, ne répondez pas seulement par *oui* ou par *non* : donnez des détails, des explications.

Je m'entraîne

15. – Vous jouez ou bien vous voudriez jouer d'un instrument ?

– ....

16. – Vous sortez souvent avec vos copains ?

– ....

17. – Quel est le type de vacances que vous préférez ?

– ....

18. – Qu'est-ce que vous aimeriez faire, plus tard ?

– ....

9. Écoutez les questions de l'examinateur une première fois sans les lire avant, puis réécoutez-les une par une en donnant votre réponse. Enregistrez-vous pour mieux vous corriger ensuite. Vérifiez ensuite vos réponses à partir de la transcription donnée dans le livret.

C — Parler seul sur un thème donné (monologue suivi)

10. Écoutez Hannah parler de ses prochaines vacances et cochez les bonnes réponses. Vérifiez ensuite vos réponses à partir de la transcription donnée dans le livret.

1. Pendant ses vacances, Hannah ira :

☐ en Italie.   ☐ sur la Côte d'Azur.
☐ en Tunisie.   ☐ dans la Forêt Noire.

2. De quoi est-elle contente ? De quoi se plaint-elle ? Cochez la bonne réponse.

	Elle est contente :	Elle se plaint :
de la position de son appartement.		
de retrouver toujours les mêmes personnes.		
d'aller toujours au même endroit.		
de se baigner tous les jours.		
de manger des glaces.		
de l'attitude de ses parents.		
d'aller chercher des champignons.		
de retrouver ses cousins.		

PRODUCTION ORALE

105

Je m'entraîne

PRODUCTION ORALE

11 Dites ce que vous ferez pendant vos prochaines vacances à un camarade qui vous écoutera comme l'examinateur. Ensuite, changez de rôle. Vous pouvez prendre des notes pour dire : où, quand et combien de temps, avec qui, quelles activités.

....
....
....
....
....

LANGUE — Situer des lieux

Révisez p. 18 les prépositions de lieu : *près de, à côté de, loin de… à Paris, dans…*.

12 L'ami d'Hannah, Martin, a eu comme sujet : « Parlez de la ville où vous habitez. » Lisez son monologue (dans le livret des transcriptions) à haute voix comme si vous étiez Martin, puis indiquez par des numéros dans quel ordre il donne les informations suivantes.

☐ les aspects touristiques   ☐ les activités économiques
☐ la position de la ville   ☐ les dimensions de la ville
☐ ce qu'il y a pour les jeunes

CONSEIL

Si on vous demande de présenter votre ville, suivez le même ordre que Martin.

13 Présentez votre ville ou votre village et enregistrez-vous.
Dites : – où elle se trouve ;
– quelles villes sont à proximité ;
– combien d'habitants il y a ;
– quelles sont ses activités économiques ;
– quels sont les plus beaux monuments ;
– si elle vous plaît ou pas.

14 Écoutez ce qu'a dit Manuel à propos de son dernier week-end et reliez chaque activité au moment où il l'a faite. Vérifiez ensuite vos réponses à partir de la transcription donnée dans le livret.

1. samedi après-midi   a. rien de spécial
2. samedi soir   b. a participé à une fête d'anniversaire
3. dimanche matin   c. a fait ses devoirs
4. dimanche après-midi   d. a assisté à un match de basket
5. dimanche soir   e. a regardé la télévision

Je m'entraîne

CONSEIL

Si on vous demande de raconter une journée ou un week-end, suivez l'ordre chronologique, comme Manuel.

15 Racontez votre week-end ou votre journée d'hier. Enregistrez-vous pour mieux vous corriger ensuite.

16 Carmen, l'amie de Manuel, a eu comme sujet : « Parlez d'une personne que vous aimez. » Lisez son monologue (dans le livret des transcriptions) à haute voix, puis indiquez par des numéros l'ordre utilisé par Carmen pour présenter son ami.

☐ description du caractère
☐ nom, âge, classe
☐ activités qu'ils font ensemble
☐ description physique
☐ raisons de l'amitié

CONSEIL

Si vous devez présenter un ami, vous pouvez suivre le même ordre que Carmen.

LANGUE — Les formes comparatives

Révisez les formes comparatives :
– **avec des adjectifs de qualité** : voir p. 25, 62 ;
– **avec des verbes** : *plus / moins / autant... que* : il travaille plus que moi.
– **avec des noms** : *plus / moins / autant de... que...* : je fais *plus de* sport *que* lui, je fais *moins de* natation *que de* foot.

17 Présentez votre meilleur(e) ami(e). Vous pouvez prendre des notes : les mots principaux pour décrire son aspect physique et son caractère, ses activités, ses goûts, les raisons qui font qu'il / elle est votre ami(e). Enregistrez-vous pour mieux vous corriger ensuite.

18 Présentez un personnage que vous admirez : sportif, acteur, chanteur, écrivain… Dites comment il s'appelle, quel âge il a, où il habite ; dites quand il a commencé son activité, ce qu'il a fait qui l'a rendu célèbre, pourquoi vous l'admirez. Prenez des notes, puis présentez-le oralement.

....
....
....
....
....

19 Parlez de votre maison. Dites :
– où vous habitez ;
– si c'est une maison ou un appartement ;
– comment est l'appartement (combien de pièces) ;
– comment est votre chambre ;
– quel est votre endroit préféré.

PRODUCTION ORALE

107

PRODUCTION ORALE

Je m'entraîne

20 Racontez votre dernier voyage. Dites :
– où vous êtes allé(e) ;
– avec qui (parents, classe, autre) ;
– ce que vous avez vu ;
– ce que vous avez préféré et pourquoi ;
– quel est votre meilleur souvenir de voyage ;
– quel est votre plus mauvais souvenir.

21 Racontez une journée au collège ou au lycée. Dites :
– dans quelle classe vous êtes (et comparez avec le système français) ;
– quelles matières vous avez ce jour là ;
– combien de temps durent les leçons ;
– si vous mangez à la cantine ou pas ;
– si vous avez beaucoup de devoirs.

22 Parlez d'un film que vous avez aimé :
– précisez le titre du film, le metteur en scène et les acteurs si vous pouvez ;
– racontez brièvement l'histoire ;
– expliquez pourquoi il vous a plu (évoquez les aspects positifs ou négatifs).

23 Parlez de votre famille. Dites :
– qui compose la famille ;
– l'âge de chacun ;
– les activités de chacun ;
– quand est-ce que vous êtes ensemble (repas de midi, le soir, etc.) ;
– si vous faites beaucoup d'activités ensemble ;
– si vous vous sentez bien en famille ;
– si vous aimeriez plus tard avoir vous aussi une famille.

24 Parlez d'un spectacle que vous avez vu en vrai ou à la télévision. Dites :
– de quel spectacle il s'agit ;
– qui le faisait ;
– ce que vous avez aimé.

25 Recopiez les sujets donnés dans les exercices 15 à 24 et inventez d'autres sujets qui pourraient être donnés le jour de l'examen. Faites une liste.

1. *Parlez de vos prochaines vacances.*

2. ....

3. ....

Je m'entraîne

4. ....
5. ....
6. ....
7. ....
8. ....
9. ....
10. ....
11. ....
12. ....
13. ....

D Dialoguer / interagir à l'oral (exercice en interaction)

■ Faire des achats

Les magasins

Révisez les noms de magasins et ce qu'on y vend :
une boulangerie – du pain ;
une boucherie – de la viande ; une librairie – des livres ; etc.

26 Écoutez l'exercice en interaction entre Hannah et le vendeur de DVD et cochez les bonnes réponses. Vérifiez ensuite vos réponses à partir de la transcription donnée dans le livret, puis jouez le dialogue avec un camarade.

1. Pour aborder le vendeur, Hannah dit :
❑ Bonjour, monsieur.   ❑ Pardon, monsieur.
❑ Monsieur, s'il vous plaît.

2. Pour demander le prix, Hannah dit :
❑ Combien coûte-t-il ?   ❑ Il fait combien ?
❑ Il coûte combien ?

3. Le DVD coûte :   ❑ 14, 99 €.   ❑ 24, 79 €.   ❑ 24, 99 €.

4. Hannah demande :
❑ une réduction.   ❑ un petit cadeau.   ❑ un paquet cadeau.

5. Elle demande :   ❑ Où est-ce que je dois payer ?
❑ Je paie ici ou à la caisse ?   ❑ C'est à vous que je dois payer ?

Demander et dire un prix

Révisez les formules utiles pour demander et dire un prix p. 16.

27 Carmen a eu un autre sujet : « Vous êtes chez un ami francophone ; sa mère vous a reçue très gentiment, et vous voulez acheter des fleurs pour elle chez un fleuriste. » Lisez avec un(e) camarade le dialogue chez le fleuriste (dans le livret des transcriptions) et cochez les bonnes réponses.

1. Le fleuriste demande à Carmen :
❑ Qu'est-ce que vous voulez ?   ❑ Qu'est-ce que vous désirez ?
❑ Vous désirez ?

PRODUCTION ORALE

109

PRODUCTION ORALE

Je m'entraîne

2. Quel choix le fleuriste lui propose-t-il ?

a ☐    b ☐    c ☐

3. Comment Carmen demande-t-elle conseil ?
☐ Donnez-moi un conseil.   ☐ Conseillez-moi.
☐ Qu'est-ce que vous me conseillez ?

4. Comment demande-t-elle le prix ?
☐ Ça fait combien ?   ☐ Il coûte combien ?
☐ Je vous dois combien ?

5. Comment salue-t-elle le fleuriste ?
☐ Au revoir. Merci.   ☐ Au revoir, monsieur, merci.
☐ Au revoir, monsieur.

28 Par groupes de deux, jouez la scène suivante : « Vous êtes dans un magasin de souvenirs, à Paris, et vous voulez acheter deux petits souvenirs pour vos amis. Vous demandez les prix, et vous choisissez l'objet le moins cher. ».

29 Par groupes de deux, jouez la scène suivante : « Vous avez vu dans une vitrine un pantalon qui vous plaît. Vous entrez et vous l'achetez. » Suivez le plan donné :
– vous entrez et vous demandez si vous pouvez l'essayer ;
– la vendeuse vous demande des précisions (Quel pantalon ? Quelle taille ? Quelle couleur ?) ;
– vous essayez et dites si ça vous va ;
– vous demandez le prix ;
– vous payez et saluez.

LANGUE

Les vêtements et les couleurs

Révisez les noms des vêtements et les couleurs p. 63.

30 Jouez la même scène que dans l'exercice 29 en changeant de rôle et de vêtements.

■ **Inviter, organiser une sortie, se renseigner pour une activité**

31 Écoutez la conversation de Manuel sur le sujet qui lui a été donné : « Un copain ou une copine vous téléphone pour vous inviter. » Répondez aux questions. Vérifiez ensuite vos réponses à partir de la transcription donnée dans le livret.

1. Que dit Lisa à Manuel ?
☐ Tu voudrais venir quelques jours chez moi ?
☐ Je t'invite quelques jours chez moi.
☐ Ça t'intéresserait de venir quelques jours chez moi ?

Je m'entraîne

2. Que répond Manuel ?
- ☐ Il faut que je demande à mes parents.
- ☐ Je ne sais pas si mes parents voudront.
- ☐ Je demanderai à mes parents.

3. Lisa l'invite : ☐ près de Grenoble. ☐ à Grenoble. ☐ en Bretagne.

4. Que demande Manuel ?
- ☐ Quand est-ce que je pourrais venir ?
- ☐ Il faudrait que je vienne quand ?
- ☐ Tu voudrais que je vienne quand ?

5. Le mois de juillet : ☐ convient seulement à Lisa.
☐ convient seulement à Manuel. ☐ convient à tous les deux.

6. Les activités proposées sont :

a ☐   b ☐   c ☐   d ☐

7. Manuel ne comprend pas. Que dit-il ?
- ☐ Je n'ai pas compris. ☐ De la quoi ?
- ☐ Tu peux répéter, s'il te plaît ?

8. Pour conclure, Manuel dit : ☐ Je te remercie beaucoup.
☐ Merci. Tu es sympa. ☐ Remercie tes parents.

32 Par groupes de deux, jouez la scène suivante : « Vous invitez un / une camarade à venir passer quelques jours chez vous. ». Préparez la scène, puis jouez-la à voix haute.
Précisez :
– le lieu (à la mer, à la montagne, à la campagne) ;
– les dates ;
– les activités que vous pourriez faire ensemble.
Le / la camarade remercie, demande des détails, et dit qu'il / elle doit demander à ses parents.

33 Martin a joué une autre scène le jour de l'examen : « Vous voulez aller à la piscine. Vous téléphonez pour vous informer. » Lisez avec un camarade le dialogue (dans le livret des transcriptions), puis répondez aux questions.

a) Recopiez les questions posées par Martin.

1. ....
2. ....

PRODUCTION ORALE

Je m'entraîne

PRODUCTION ORALE

3. ....

4. ....

b) Martin note sur son carnet les informations obtenues. Complétez.

Piscine

Horaires : ....

Prix : ....

Un violon sur le toit au Casino de Paris
25 comédiens et 16 musiciens sur scène !
Prix : à partir de 20,00 € jusqu'à 47,00 €
Le mardi : 30 € au lieu de 47 € en catégorie 1 et 20 € au lieu de 37 € en catégorie 2 + frais de réservation = 2,50 €
Date : du 22 au 27 juin 2006 à 20 h 30

---

34 Par groupes de deux, jouez la scène suivante : « Vous voulez aller voir un spectacle de music-hall. Vous téléphonez pour avoir des informations : horaires, prix pour adultes et prix pour jeunes, places. ». Aidez-vous du document ci-dessus.

35 Par groupes de deux, jouez la scène suivante : « Vous discutez avec un ami pour savoir quel film vous voulez aller voir. ». Utilisez le document ci-contre. Vous déciderez ensemble :
– du film ;
– de la date et de l'heure ;
– si vous vous donnez rendez-vous pour y aller ensemble
et par quel moyen de transport.

36 Par groupes de deux, jouez la scène suivante : « Vous avez décidé d'organiser une fête pour votre anniversaire. Vous appelez au téléphone votre ami(e). ». Vous parlerez :
– du jour et du lieu ;
– des personnes que vous invitez ;
– des choses à acheter ;
– des activités à faire ;
– de la façon d'avertir les invités (billet d'invitation à faire ? par téléphone ?).

Sujets D'EXAMEN

Quelques conseils pour vous aider

La veille de l'examen

• Essayez de vous détendre et de vous changer les idées.

• Passez une bonne nuit de sommeil pour être en forme.

• Préparez vos affaires à l'avance pour être sûr(e) de ne rien oublier : votre convocation, votre pièce d'identité, un stylo.

• Relisez bien votre convocation pour être sûr(e) du jour, de l'heure et du lieu d'examen.

Le jour de l'examen

• Lisez bien les consignes, elles vous expliquent :
– ce que vous devez faire ;
– la situation présentée ;
– le temps dont vous disposez ;
– la longueur de réponse attendue ;
– le temps de préparation (pour la production orale).

• Écrivez lisiblement au stylo et relisez vos réponses avant de rendre votre copie.

JE PASSE LE DELF

SUJET D'EXAMEN 1

Épreuve de COMPRÉHENSION DE L'ORAL

> *Vous allez entendre trois enregistrements correspondant à trois documents différents. Pour chaque document :*
> *– vous aurez 30 secondes pour lire les questions ;*
> *– une première écoute, puis 30 secondes de pause pour commencer à répondre aux questions ;*
> *– une deuxième écoute, puis 30 secondes de pause pour compléter vos réponses.*

Exercice 1 5 points

▶ Vous voulez voir la finale de volley ou bien la finale de basket de la coupe Interrégionale junior. Répondez aux questions.

Première partie de l'enregistrement

1. Vous téléphonez à la salle de sport où aura lieu le match pour réserver.
   Sur quelle touche devez-vous appuyer ? Touche ....

Deuxième partie de l'enregistrement

2. Vous pourrez aller voir : ☐ la finale de basket.   ☐ la finale de volley.
3. Quel jour a lieu la finale ? ....
4. Les billets les moins chers sont à : ☐ 5 €.   ☐ 10 €.   ☐ 15 €.
5. Pour réserver, il faut taper 5. ☐ vrai   ☐ faux   ☐ on ne sait pas

Exercice 2 8 points

▶ Répondez aux questions.

1. Quel est l'événement présenté dans ce document ?   *2 points*
   ☐ La fête du soleil   ☐ La fête de la lecture   ☐ Le salon du livre

2. Quel mois aura-t-il lieu ? En ....   *1 point*

3. À quelle date aura-t-il lieu :   *1 point*
   ☐ du 16 au 18.   ☐ du 13 au 15.   ☐ du 13 au 16.

4. Quand cet événement a-t-il été créé ?   *1 point*
   ☐ Il y a 6 ans.   ☐ Il y a 15 ans.   ☐ Il y a 16 ans.

5. La personne interviewée est :   *1 point*
   ☐ le maire de la ville.   ☐ un conseiller municipal.   ☐ un écrivain.

6. Parmi les manifestations, il y aura :   *1 point*
   ☐ des spectacles de rues.   ☐ des lectures publiques.   ☐ des ateliers d'écriture.

7. Les enfants qui participent ont écrit :   *1 point*
   ☐ des poèmes.   ☐ des contes.   ☐ des pièces de théâtre.

JE PASSE LE DELF

SUJET D'EXAMEN 1

Exercice 3 — 12 points

▶ Répondez aux questions.

1. Les deux personnes qui parlent sont : — *2 points*
☐ Axelle et sa cousine. ☐ Axelle et sa mère. ☐ Axelle et une amie.

2. Axelle dit qu'elle veut sortir : — *2 points*
☐ l'après-midi et pour le dîner. ☐ pour le dîner et la soirée.
☐ seulement pour la soirée.

3. La raison de l'invitation est la suivante : — *2 points*
☐ fêter l'anniversaire d'Axelle. ☐ fêter l'anniversaire de Lucie.
☐ aller manger dans une nouvelle crêperie.

4. À quelle heure Axelle dit qu'elle rentrera ? À .... — *2 points*

5. Comment Axelle rentrera-t-elle chez elle ? — *2 points*
☐ avec sa mère ☐ avec la mère de Lucie.
☐ avec son père ☐ avec le père de Lucie.

6. Le lendemain est : — *2 points*
☐ un dimanche. ☐ un autre jour de la semaine. ☐ un jour férié.

TOTAL ..... /25

Épreuve de COMPRÉHENSION DES ÉCRITS

Exercice 1 — 6 points

- a. Empruntez le passage souterrain.
- b. Douche obligatoire avant de gagner les bassins.
- c. Attention à la marche !
- d. 15 mai. La fête des voisins ! Contre l'indifférence.
- e. Accès interdit sous peine d'amende.
- f. Une tenue vestimentaire correcte est exigée. Merci de votre compréhension.
- g. Il est interdit de pique-niquer devant l'église.
- h. Attention, sortie de véhicules !

▶ Pour les phrases 1 à 6, indiquez dans le tableau la lettre du document correspondant.

1. Faites un effort pour rencontrer les autres.	
2. Il est obligatoire de se laver.	
3. Il ne faut pas entrer en short, en maillot ou torse nu.	
4. On ne peut pas entrer ici.	
5. On ne peut pas manger ici.	
6. Vous risquez de tomber. Regardez vos pieds.	

115

JE PASSE LE DELF

SUJET D'EXAMEN 1

Exercice 2 — 9,5 points

▶ Lisez le texte, puis répondez aux questions.

> **Agnès Desarthe**
>
> *Je ne t'aime toujours pas Paulus (2005)*
>
> Et voilà la suite demandée par de nombreux lecteurs.
> Paulus annonce un jour à Julie – qui attendait son premier baiser – qu'il déménage. Après son départ, c'est de nouveau l'ennui le plus total, entre un père au chômage, une mère, ancienne actrice, de plus en plus excitée, une petite sœur complètement perturbée. Quant à Johana, sa meilleure amie, elle la délaisse pour se consacrer à sa carrière de future grande actrice. C'est pourtant cette même Johana qui lui suggère une solution pour se consoler de l'absence de Paulus : une nouvelle aventure avec un garçon très différent. Julia décide de tout miser sur Dick Pool, le correspondant anglais qui doit arriver dans leur classe le lundi suivant. C'est bien connu, les Anglais sont tous cool et sexy… Enfin, presque tous. Et Paulus ne se laisse pas oublier si facilement.
> On retrouve le style plein d'humour et de tendresse du premier roman. Un vrai plaisir.

1. Il s'agit :   ❏ d'une histoire racontée dans un fait divers.   *1,5 point*
❏ d'une histoire racontée dans un livre.
❏ d'une histoire racontée dans un film.

2. C'est la première fois que les personnages de Julia et de Paulus apparaissent.
❏ vrai   ❏ faux   ❏ on ne sait pas   *1 point*

3. Paulus est dans le même collège que Julia.   *1 point*
❏ vrai   ❏ faux   ❏ on ne sait pas

4. Johanna ne s'intéresse plus beaucoup à Julia.   *1 point*
❏ vrai   ❏ faux   ❏ on ne sait pas

5. Le père de Julia :   ❏ travaille.   ❏ ne travaille pas.   ❏ est à la retraite.   *1 point*

6. Julia invente une solution pour oublier Paulus : trouver un autre garçon.
❏ vrai   ❏ faux   ❏ on ne sait pas   *1 point*

7. Julia découvre un nouvel amour.   *1 point*
❏ vrai   ❏ faux   ❏ on ne sait pas

8. Julia va retrouver Paulus.   *1 point*
❏ vrai   ❏ faux   ❏ on ne sait pas

9. Le commentateur est satisfait.   *1 point*
❏ vrai   ❏ faux   ❏ on ne sait pas
Justification : ....

TOTAL ...... /25

JE PASSE LE DELF

SUJET D'EXAMEN 1

Exercice 3 — 9,5 points

▶ Lisez le texte, puis répondez aux questions en cochant la bonne réponse ou en écrivant l'information demandée.

20.55 france 2
Ambre a disparu
Téléfilm français

Ambre, 8 ans, qui participait à un concours de Mini Miss, disparaît, vêtue de son costume de fée. Désespérés, ses parents appellent les enquêteurs et leur livrent les quelques éléments dont ils disposent. Eva Lorca (jouée par une Miou Miou excellente) leur promet qu'elle retrouvera Ambre. Le suspense s'installe. Les suspects se multiplient... On appréciera le scénario particulièrement soigné. Ce polar en deux épisodes qui accorde une large place aux enfants et aux ados fera certainement passer un bon moment à toute la famille.

---

1. *Ambre a disparu* est un téléfilm en :   1 point
❏ une partie.   ❏ deux parties.   ❏ plusieurs parties.

2. Ce téléfilm : ❏ est un drame. ❏ une comédie. ❏ un film policier.   1 point

3. Vrai ou faux ? Cochez la case correspondante et recopiez la phrase   7,5 points
ou la partie du texte qui justifie votre réponse.

	vrai	faux
a. Ambre va participer à un concours de beauté. Justification :		
b. Ambre était déguisée. Justification :		
c. Eva Lorca mène l'enquête. Justification :		
d. le journaliste apprécie le scénario. Justification :		
e. Le film est réservé aux adolescents. Justification :		

Épreuve de PRODUCTION ÉCRITE

Exercice 1 — 13 points

▶ Vous avez fait un voyage d'une semaine en France (choisissez l'endroit : la carte ci-après va vous aider). Vous racontez dans votre journal personnel ce que vous avez fait, chaque jour. Vous parlez de vos impressions et vous dites ce que vous avez aimé ou pas. Écrivez un texte de 60 à 80 mots.

SUJET D'EXAMEN 1

JE PASSE LE DELF

....
....
....
....
....
....
....
....

Exercice 2 *12 points*

▶ Vous avez reçu ce courriel. Vous répondez à Tanguy : vous le remerciez, mais vous ne pouvez pas accepter parce que le même jour, vous devez participer à la finale de volley de votre équipe. Vous vous excusez. En revanche, vous lui annoncez que vous organisez aussi une fête le samedi suivant et vous l'invitez (60 à 80 mots).

Date :	Objet : mon anniversaire
De : Tanguy	À : Renaud, Kevin, Maël, Romain, Jules, Lucie, Hugo, Béatrice, Chléo, Cloé

Salut à tous,
Voilà, c'est mon anniversaire. J'organise une super méga fête chez mes grands-parents. Ils ont une très grande maison avec un très grand sous-sol et ils l'ont mise à ma disposition pour mon anniversaire. Je peux inviter qui je veux. Alors tu viendras ! Tu fais partie de ma liste ! Ce sera samedi prochain, le 14, à 14 heures, 7 rue du Maréchal Leclerc à Palaiseau. Apporte ton disque préféré.

JE PASSE LE DELF

....
....
....
....
....
....
....
....
....
....
....

TOTAL ..... / 25

Épreuve de PRODUCTION ORALE

L'épreuve se déroule en trois parties. Elle durera de 6 à 8 minutes.
La première partie se déroule sans préparation. Après présentation des sujets des parties 2 et 3 par l'examinateur, vous aurez 10 minutes de préparation.

Entretien dirigé (1 minute 30 environ)

▶ Vous vous présentez en parlant de votre famille, de vos études, de vos goûts…
L'examinateur vous pose des questions complémentaires sur ces mêmes sujets.
Vous montrez que vous êtes capable de saluer et d'utiliser les règles de politesse.

Monologue suivi (2 minutes environ)

▶ L'examinateur / examinatrice vous propose deux sujets et vous en choisissez un.
Les sujets portent sur vous, vos habitudes, vos goûts…

1. Racontez votre premier jour de classe dans le collège ou le lycée où vous êtes actuellement.
2. Racontez le souvenir d'une fête qui vous a beaucoup plu.
3. Parlez des habitudes alimentaires de votre pays, de ce que vous aimez ou n'aimez pas.
4. Parlez d'un film que vous n'avez pas du tout aimé et d'un film que vous avez adoré.
5. Parlez des matières que vous étudiez en classe et de celle que vous préférez. Expliquez pourquoi.
6. Parlez du cadeau qui vous a fait le plus plaisir et de celui que vous aimeriez recevoir.

SUJET D'EXAMEN 1

JE PASSE LE DELF

Exercice en interaction (3 à 4 minutes environ)

▶ *Vous devez simuler un dialogue avec l'examinateur afin de résoudre une situation de la vie quotidienne.*

Au choix (l'examinateur joue l'autre rôle) :

1. Vous discutez avec un ami pour organiser la fête d'anniversaire surprise d'un copain.
– Vous proposez l'idée.
– vous discutez des modalités (date, lieu, nombre de personnes, qui inviter, activités, cadeau, etc.)

2. Vous voulez faire une activité au centre culturel avec votre ami(e).
Vous lisez ensemble le programme et vous décidez de l'activité, des heures qui vous conviennent. Utilisez le programme suivant.

Centre culturel de Passy
COURS D'ACTIVITÉS MANUELLES (2 FOIS PAR SEMAINE SAUF LE MERCREDI ET LE SAMEDI)

	LUNDI	MARDI	MERCREDI	JEUDI	VENDREDI	SAMEDI
14 H 00 / 15 H 00			dessin (8-12 ans)			couture
15 H 00 / 16 H 00			poterie			patchwork
16 H 00 / 17 H 00			aquarelle			constructions en bois
17 H 00 / 18 H 00	aquarelle	modélisme (avions)	peinture à l'huile	aquarelle	modélisme (avions)	fabrication de bijoux
18 H 00 / 19 H 00	peinture sur soie	pyrogravure	sculpture d'argile	peinture sur soie	pyrogravure	peinture sur verre
19 H 00 / 20 H 00	poterie	dessin de mode		poterie	dessin de mode	

TOTAL ...... /25

TOTAL ...... /100
COMPRÉHENSION DE L'ORAL ...... /25
COMPRÉHENSION DES ÉCRITS ...... /25
PRODUCTION ÉCRITE ...... /25
PRODUCTION ORALE ...... /25

JE PASSE LE DELF

SUJET D'EXAMEN 2

Épreuve de COMPRÉHENSION DE L'ORAL

Vous allez entendre trois enregistrements correspondant à trois documents différents. Pour chaque document :
– vous aurez 30 secondes pour lire les questions ;
– une première écoute, puis 30 secondes de pause pour commencer à répondre aux questions ;
– une deuxième écoute, puis 30 secondes de pause pour compléter vos réponses.

Exercice 1 5 points

▶ Tanguy reçoit un message vocal de son copain la veille du match qu'il doit jouer avec son équipe de basket à Chaumont. Répondez aux questions.

1. L'équipe doit partir : ☐ en car. ☐ en train. ☐ en voiture.

2. Ils doivent partir à : ☐ 7 h 09. ☐ 8 h 30. ☐ 17 h 19.

3. À quelle heure est le rendez-vous ? ....

4. Où est le rendez-vous ?
☐ devant la billetterie ☐ sur le quai ☐ à côté de la gare

5. Tanguy a l'habitude :
☐ d'être en avance. ☐ d'être à l'heure. ☐ d'être en retard.

Exercice 2 8 points

▶ Répondez aux questions.

1. Ce message est : *2 points*
☐ une publicité pour les autoroutes.
☐ un conseil de la prévention routière.
☐ le point sur la circulation des voitures de la journée.

2. Le message parle des automobilistes : *1 point*
☐ qui partent au travail le matin.
☐ qui partent en vacances vers le sud.
☐ qui partent en vacances.

3. Le message invite : *1 point*
☐ à voyager vite sur autoroute.
☐ à s'arrêter souvent le long de l'autoroute pour se reposer.
☐ à prendre le temps de voyager sur les petites routes.

4. Les flèches vertes indiquent les itinéraires bis. *1 point*
☐ vrai ☐ faux ☐ on ne sait pas

5. Le message invite à s'arrêter dans les villages pour manger *1 point*
au restaurant. ☐ vrai ☐ faux ☐ on ne sait pas

121

SUJET D'EXAMEN 2 — JE PASSE LE DELF

6. Cochez les lieux dont vous avez entendu parler dans le message. *2 points*

a ☐ b ☐ c ☐
d ☐ e ☐ f ☐

Exercice 3 *12 points*

▶ Répondez aux questions.

1. Axelle parle : *2 points*
☐ avec un copain. ☐ avec son prof d'histoire. ☐ avec son père.

2. Ils discutent : *2 points*
☐ d'un film vu au cinéma.
☐ d'un film vu au cours d'histoire.
☐ d'un film vu à la télévision.

3. À quelle période se passe le film ? ☐ après la guerre de 1914 à 1918 *2 points*
☐ après la guerre de 1939 à 1945   ☐ pendant la guerre de 1914 à 1918

4. Dans le film, Audrey Tautou joue le rôle d'une jeune fille : *2 points*
☐ qui part à la recherche de son fiancé qu'on dit mort à la guerre. Il n'est pas mort et ils se marient.
☐ qui part à la recherche de son fiancé qu'on dit mort à la guerre. Elle le retrouve, mais il a perdu la mémoire.
☐ qui retrouve son fiancé quand il revient de la guerre, mais il est malade.

5. Axelle : *1 point*
☐ a beaucoup aimé. ☐ a moyennement aimé. ☐ n'a pas aimé.
L'autre personne : *1 point*
☐ a beaucoup aimé. ☐ a moyennement aimé. ☐ n'a pas aimé.

6. Axelle dit que le film est : *2 points*
☐ plein de fantaisie. ☐ romantique. ☐ historique.

TOTAL ...../25

JE PASSE LE DELF

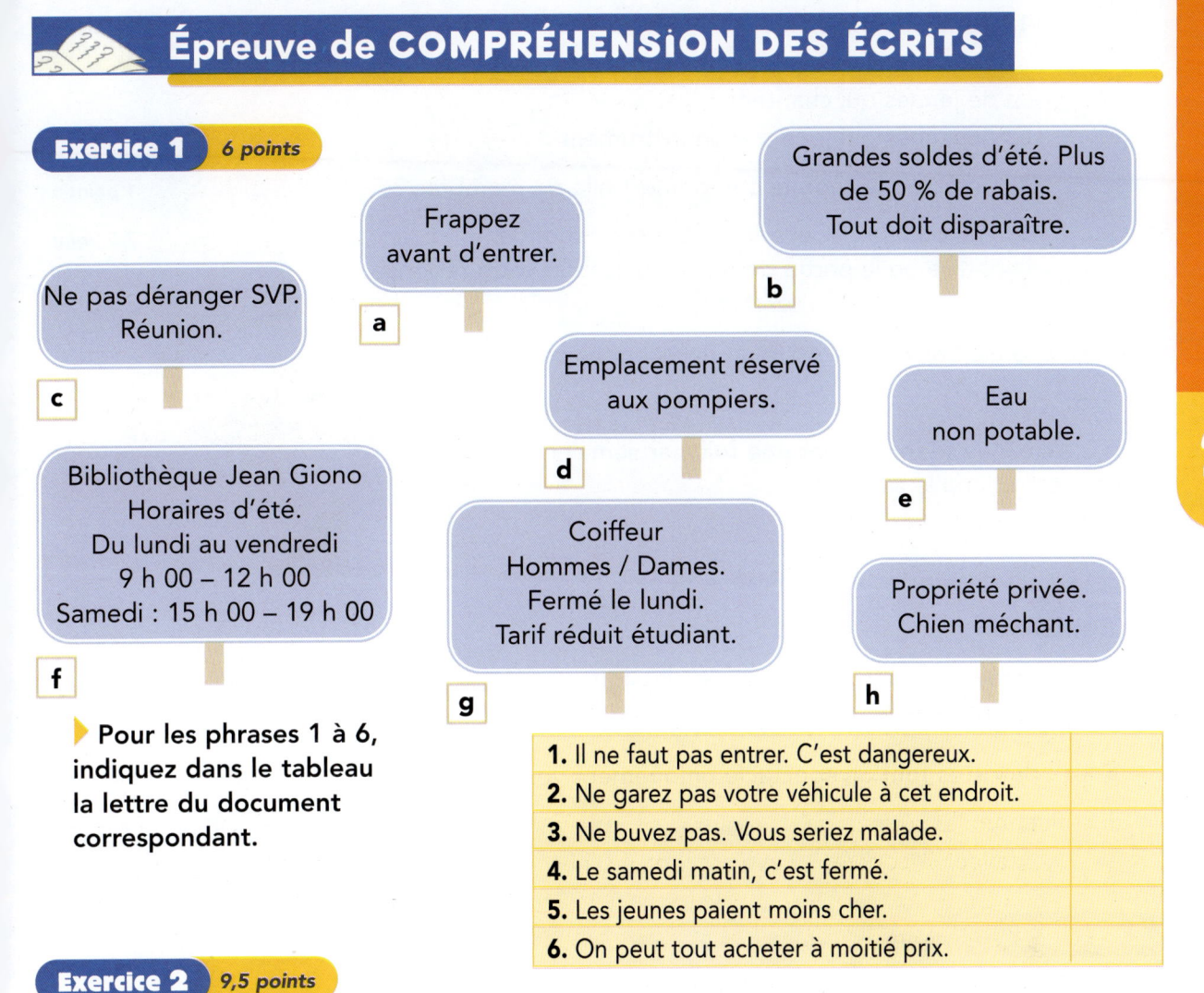

SUJET D'EXAMEN 2

Épreuve de COMPRÉHENSION DES ÉCRITS

Exercice 1 — 6 points

a. Frappez avant d'entrer.

b. Grandes soldes d'été. Plus de 50 % de rabais. Tout doit disparaître.

c. Ne pas déranger SVP. Réunion.

d. Emplacement réservé aux pompiers.

e. Eau non potable.

f. Bibliothèque Jean Giono Horaires d'été. Du lundi au vendredi 9 h 00 – 12 h 00 Samedi : 15 h 00 – 19 h 00

g. Coiffeur Hommes / Dames. Fermé le lundi. Tarif réduit étudiant.

h. Propriété privée. Chien méchant.

▶ Pour les phrases 1 à 6, indiquez dans le tableau la lettre du document correspondant.

1. Il ne faut pas entrer. C'est dangereux.	
2. Ne garez pas votre véhicule à cet endroit.	
3. Ne buvez pas. Vous seriez malade.	
4. Le samedi matin, c'est fermé.	
5. Les jeunes paient moins cher.	
6. On peut tout acheter à moitié prix.	

Exercice 2 — 9,5 points

▶ Lisez le texte, puis répondez aux questions en cochant la bonne réponse ou en écrivant l'information demandée.

Des choristes peu ordinaires…

Il y a encore peu de temps, l'idée d'une chorale d'enfants sentait la poussière. Tout a changé avec le film *Les Choristes* en mars 2004. Depuis, on ne cesse de parler de cette magnifique école de la vie qu'est un chœur : discipline, concentration, tolérance.

Les enfants du chœur *Sotto Voce* de Créteil (Val de Marne) prouvent en tout cas qu'il existe des ensembles vocaux de très haut niveau en Europe. Les 53 jeunes qui le constituent (de 9 à 18 ans) ont deux répétitions par semaine (mercredi et samedi) et plus encore en période de concerts, mais il ne manque jamais personne. Tout le mérite en revient à Scott Alan Prouty. Il y a dix-sept ans, cet Américain décontracté à la voix douce quittait New York et il n'est jamais rentré chez lui. Aujourd'hui, il dirige le chœur avec une pédagogie bien à lui. Il propose aux enfants un répertoire qui mêle jazz, bande originale de dessins animés, chants grégoriens, chansons populaires ou de music hall. Travaillant l'expression corporelle autant que le chant, les enfants du chœur Sotto Voce ne sont pas sur scène une machine à chanter sans âme. La pureté de leur voix, et leur dynamisme (ils miment et jouent leurs textes), font de cette troupe d'enfants-chanteurs une formation exceptionnelle.

La mélodie du bonheur !

La Gazette du Matin.

SUJET D'EXAMEN 2

JE PASSE LE DELF

1. De quoi parle-t-on ?   1 point
- ☐ d'adultes qui chantent
- ☐ de jeunes qui chantent
- ☐ de jeunes qui jouent d'un instrument

2. Combien la chorale comprend-t-elle de membres ? ....   1 point

3. Vrai ou faux ? Cochez la case correspondante et recopiez la phrase ou la partie de texte qui justifie votre réponse.   7,5 points

	vrai	faux
a. La chorale Sotto Voce est d'un excellent niveau. Justification :		
b. Les jeunes se retrouvent une fois par semaine (le mercredi ou le samedi). Justification :		
c. Le chef de chorale est en France depuis 17 ans. Justification :		
d. La chorale est spécialisée dans le classique Justification :		
e. Les choristes font un spectacle uniquement vocal Justification :		

Exercice 3   9,5 points

▶ Lisez le texte puis répondez aux questions.

Poésie
Fabien Giraud champion du haïku
Dans le jardin d'hiver les astres illuminent la rose de décembre.

C'est ce très beau haïku (court poème japonais) accompagné d'une jolie illustration qui a permis au jeune Fabien Giraud, élève de 4e du collège Mistral de remporter le premier prix d'un concours organisé par la *Japan Airlines*. Ce concours qui avait cette année pour thème « la maison », est ouvert à tous les collèges de France qui proposent l'option japonais, en France et dans les autres pays desservis par la compagnie. Fabien est heureux d'avoir été récompensé par un voyage au Japon offert aux gagnants de chaque pays participant. Ils seront des jeunes de 30 nationalités différentes à se retrouver en juillet au pays du soleil levant pour approfondir leur connaissance de la culture japonaise.

La Gazette du Matin

1. De quoi s'agit-il ?   1,5 point
- ☐ d'un concours de poésie
- ☐ d'un concours de dessins de maison
- ☐ d'un concours de dessins d'avion

JE PASSE LE DELF

2. Qui a gagné ? ❑ un garçon ❑ une fille — *1 point*

3. Quel âge a le vainqueur environ ? — *1 point*
❑ 10 ans ❑ 13 ans ❑ 16 ans

4. Qui a organisé le concours ? — *1 point*
❑ une école ❑ une compagnie aérienne ❑ le ministère japonais

5. Pour participer au concours, il faut étudier le japonais. — *1 point*
❑ vrai ❑ faux ❑ on ne sait pas

6. Pour participer au concours, il faut habiter dans un pays desservi par la Japan Airlines. — *1 point*
❑ vrai ❑ faux ❑ on ne sait pas

7. Pour participer au concours, il faut avoir moins de 15 ans. — *1 point*
❑ vrai ❑ faux ❑ on ne sait pas

8. Quel est le prix à gagner ? — *1 point*
❑ un voyage au Japon
❑ des livres de culture japonaise
❑ des cours de langue japonaise

9. Il y a eu trente jeunes récompensés. — *1 point*
❑ vrai ❑ faux ❑ on ne sait pas

TOTAL ..... /25

Épreuve de PRODUCTION ÉCRITE

Exercice 1 *13 points*

▶ Vous sortez d'un spectacle (au choix, chanteur, théâtre, concert). Vous écrivez sur votre journal intime le récit de votre soirée : où, quand, avec qui, vos impressions, etc. Écrivez un texte de 60 à 80 mots.

SUJET D'EXAMEN 2

JE PASSE LE DELF

SUJET D'EXAMEN 2

Exercice 2 — *12 points*

▶ Vous connaissez Fabien (compréhension des écrits, exercice 3). Vous lui écrivez un message :
– vous lui dites que vous avez lu l'article dans le journal ;
– vous le félicitez ;
– vous exprimez votre admiration et votre envie ;
– vous lui dites que vous avez un DVD sur le Japon et vous l'invitez chez vous (60 à 80 mots).

TOTAL ...... /25

Épreuve de PRODUCTION ORALE

L'épreuve se déroule en trois parties. Elle durera de 6 à 8 minutes.
La première partie se déroule sans préparation. Après présentation des sujets des parties 2 et 3 par l'examinateur, vous aurez 10 minutes de préparation.

Entretien dirigé (1 minute 30 environ)

▶ Vous vous présentez en parlant de votre famille, de vos études, de vos goûts…
L'examinateur vous pose des questions complémentaires sur ces mêmes sujets.
Vous montrez que vous êtes capable de saluer et d'utiliser les règles de politesse.

JE PASSE LE DELF

SUJET D'EXAMEN 2

Monologue suivi (2 minutes environ)

▶ *L'examinateur / examinatrice vous propose deux sujets et vous en choisissez un. Les sujets portent sur vous, vos habitudes, vos goûts...*

1. Parlez d'une fête traditionnelle importante de votre pays.
2. Parlez de la maison de vos rêves.
3. Parlez d'un livre ou d'un personnage que vous aimez.
4. Racontez comment se déroule votre journée.
5. Parlez de l'organisation de l'école dans votre pays.
6. Racontez une grande peur que vous avez eue.

Exercice en interaction (3 à 4 minutes environ)

▶ *Vous devez simuler un dialogue avec l'examinateur afin de résoudre une situation de la vie quotidienne.*

Au choix (l'examinateur joue l'autre rôle) :

1. Vous voulez partir en vacances avec des copains. Vous discutez avec votre père ou votre mère pour le / la convaincre. Vous direz où vous voulez aller, avec qui, comment, combien de temps, où vous logerez, ce que vous allez faire, si cela vous coûtera cher, etc.
2. Vous discutez avec un membre de votre famille sur ce que vous allez regarder à la télévision après dîner. Aidez-vous du document suivant.

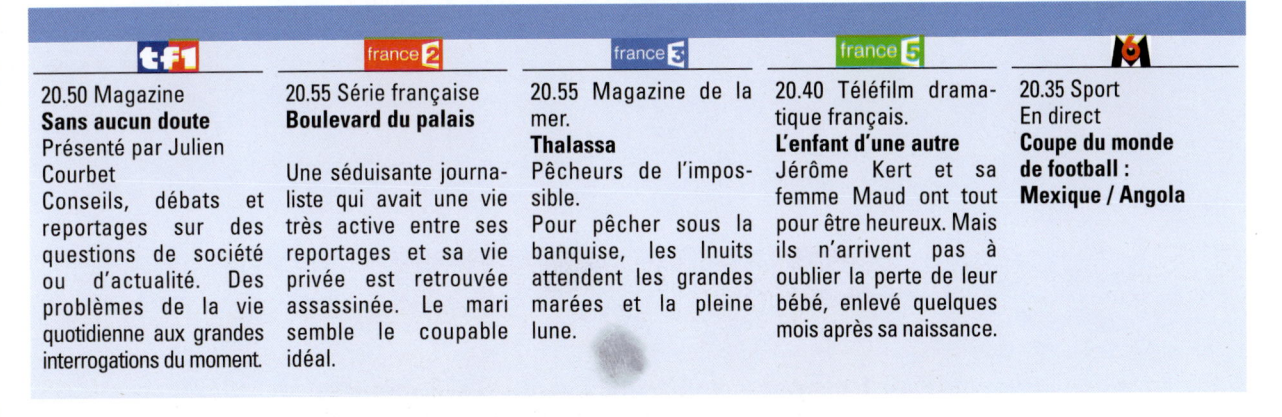

tf1	france 2	france 3	france 5	M6
20.50 Magazine **Sans aucun doute** Présenté par Julien Courbet Conseils, débats et reportages sur des questions de société ou d'actualité. Des problèmes de la vie quotidienne aux grandes interrogations du moment.	20.55 Série française **Boulevard du palais** Une séduisante journaliste qui avait une vie très active entre ses reportages et sa vie privée est retrouvée assassinée. Le mari semble le coupable idéal.	20.55 Magazine de la mer. **Thalassa** Pêcheurs de l'impossible. Pour pêcher sous la banquise, les Inuits attendent les grandes marées et la pleine lune.	20.40 Téléfilm dramatique français. **L'enfant d'une autre** Jérôme Kert et sa femme Maud ont tout pour être heureux. Mais ils n'arrivent pas à oublier la perte de leur bébé, enlevé quelques mois après sa naissance.	20.35 Sport En direct **Coupe du monde de football : Mexique / Angola**

TOTAL ...... /25

TOTAL ...... /100
COMPRÉHENSION DE L'ORAL ...... /25
COMPRÉHENSION DES ÉCRITS ...... /25
PRODUCTION ÉCRITE ...... /25
PRODUCTION ORALE ...... /25

Achevé d'imprimer en Espagne par Cayfosa Impresia Ibérica
Dépôt légal : décembre 2016 - Collection n° 48 - Édition 11 - 15/5453/4

PRÉPARATION À L'EXAMEN DU
DELF
SCOLAIRE & JUNIOR A2

> **Transcription** des enregistrements de la compréhension de l'oral et de la production orale

> **Corrigés** des activités et des sujets d'examen

HACHETTE
Français langue étrangère
www.hachettefle.fr

TRANSCRIPTIONS

COMPRÉHENSION DE L'ORAL

Je me prépare

1 1. J'ai une cousine qui habite au Canada. 2. Mon cousin habite près de chez nous. 3. Mon ami / amie m'a invité au cinéma. 4. Ta prof est super sympa. 5. Cette / cet enfant est insupportable. 6. Un élève s'est senti mal en classe.

2 1. Dominique est très sympa. 2. Pascal est très intelligent. 3. Claude est très belle. 4. Paul(e) est bon(ne) élève. 5. Andrée est très expansive. 6. Maël est fort en maths.

3 1. Il fait du judo. 2. Il adore le sport. 3. Elle aime la peinture. 4. Elle joue du piano. 5. Il chante très bien. 6. Elle danse le tango.

4 1. J'ai une nouvelle correspondante. 2. Je connais un jeune canadien. 3. Sa meilleure amie est américaine. 4. Mon amie à moi s'appelle Pilar. Elle est espagnole. 5. Mon correspondant allemand vient chez moi. 6. Ma prof de maths est hyper intéressante.

5 1. Un garçon : – Tu as vu Axelle ?
Une fille : – Non, je la verrai demain.
2. Une fille : – Et tes copines, tu ne les invites pas ?
Une autre fille : – Si, je les ai invitées. Mais elles ne peuvent pas venir.
3. Un garçon : – Il est encore en retard !
Une fille : – De qui tu parles ?
Une autre fille : – De mon cousin.
4. Un garçon : – Dominique n'est pas là ?
Une femme : – Si, il vient de rentrer. Je l'appelle.
5. Un homme : – Ils arrivent ?
Une femme : – Oui, je leur ai téléphoné. Ils ont un peu de retard.
6. Un garçon : – L'équipe masculine de basket du collège a gagné.
Un autre garçon : – Quel est le score ?
Un garçon : – Ils ont fait soixante points.

6 1. Prends ton cahier. 2. Sortez vos livres. 3. Ton devoir est très bon. 4. À qui est cette trousse ? 5. Regardez la carte. 6. Je vous donne vos notes.

7 1. Le cours d'informatique a lieu au premier trimestre seulement. 2. J'adore ces dessins faits par les élèves. 3. On a deux salles de dessin. 4. On n'a pas le droit d'utiliser une calculette en mathématiques. 5. Achetez un dictionnaire bilingue. 6. Rangez vos affaires.

8 1. Les élèves en retard ne seront pas admis en classe et iront en permanence. 2. Votre professeur de français est absent aujourd'hui. 3. Le directeur est dans son bureau. 4. Les parents participent aux conseils de classe. 5. Nous avons quatre professeurs de gym au collège. 6. C'est un très bon élève, surtout en allemand.

9 1. Dans mon collège, il y a des surveillants très sympas. 2. La bibliothécaire nous aide beaucoup pour nos recherches. 3. Les élèves de l'autre classe étudient l'allemand. 4. Ma correspondante de langue espagnole habite au Mexique. 5. Le professeur m'a prêté une bande dessinée en français. 6. Mes copains mangent à la cantine.

10 1. Ils partent. 2. Elle va faire des courses. 3. Il vient demain. 4. Elles prennent des photos. 5. Elle attend son amie. 6. Ils dorment à l'hôtel. 7. Il met ses skis. 8. Elles connaissent l'Italie. 9. Elle peut venir. 10. Ils ne veulent pas le faire. 11. Elles doivent y aller. 12. Il fait ses devoirs.

11 1. Il explique la leçon. 2. Il recopie le poème au tableau. 3. Elles apprennent le poème par cœur. 4. Elle cherche un livre en bibliothèque. 5. Ils organisent la fête de fin d'année. 6. Il attend son bulletin avec impatience.

12 1. Je finis de manger. 2. J'ai choisi quel film regarder. 3. Je fais mes devoirs. 4. J'ai réussi tous mes exercices de maths. 5. J'ai fait mes valises. 6. Je dis ce que je pense.

13 1. J'ai vu un film d'horreur. 2. J'adore tous les films d'horreur. 3. J'ai adoré celui-là ! 4. J'irai certainement en voir d'autres. 5. J'aime surtout les effets spéciaux. 6. Tu pourras venir avec moi.

14 1. Mon copain vient de m'appeler. 2. Il va venir chez moi. 3. On va faire nos devoirs ensemble. 4. Je viens de faire le devoir de maths. 5. Ça va être très difficile à faire. 6. Je vais commencer avant qu'il arrive.

15 1. – Tu veux bien m'aider, s'il te plaît ? 2. – Je ne peux pas t'aider maintenant. Plus tard. 3. – Tu dois faire quoi ? 4. – Et toi, tu as quel programme ? 5. – Je ne sais pas encore. 6. – Je dois faire des courses.

16 1. Oh, là, là ! Comme il fait chaud ! 2. Tu crois qu'il fait froid ce matin ? 3. Ah, quel mauvais temps ! 4. Il fera beau demain ? 5. Il pleut ? 6. Super ! Il neige !

17 1. Ouais, super ! C'est formidable ! 2. Comme je suis contente de te revoir ! 3. Oh non ! C'est

© Hachette Livre 2006, 43 quai de Grenelle, F 75905 Paris cedex 15.

TRANSCRIPTIONS

pas possible ! **4.** Comme il est pénible ! **5.** Qu'est-ce qu'elle est sympa ! **6.** C'est terrible ! Quelle chute !

18 **1.** Bonjour vous avez appelé le 04 34 56 78 99. Nous ne sommes pas là. Veuillez laisser un message après le bip. **2.** Rappelle-moi sur mon portable. 06 45 67 21 12. Merci. **3.** Le docteur est absent. En cas d'urgence, appelez le 06 89 98 05 87. **4.** Pour réserver des places, appelle le 01 48 78 81 15. Je n'ai pas le temps de le faire.

19 **1.** Charlemagne a été couronné empereur en l'an 800. **2.** Jeanne d'Arc est née en 1412. **3.** François Ier fait du français la langue officielle en 1539. **4.** Louis XIV a installé sa cour à Versailles en 1682. **5.** Le roi Louis XVI a été guillotiné en 1793. **6.** Napoléon a été sacré empereur en 1802.

20 **1.** – Bonjour, je m'appelle Sylvie. J'ai 55 ans, je suis peintre et je suis l'animatrice du groupe. **2.** – Je m'appelle Jean-Pierre, j'ai 64 ans, je suis professeur de dessin et je suis là pour vous aider. **3.** – Moi, c'est Justine. J'ai 14 ans et je voudrais apprendre à réaliser des aquarelles. **4.** – Je m'appelle Florian. J'ai 16 ans et demi, j'ai déjà fait des stages de peinture. **5.** – Je suis Romain. J'ai 12 ans. J'adore dessiner des paysages. **6.** – Je m'appelle Cléo. J'ai 13 ans et j'ai envie de peindre.

21 **1.** L'animatrice : – Justine quelle est ta date de naissance ?
Justine : – Je suis née le 31 mai 1993.
2. L'animatrice : – Et toi Florian.
Florian : – Moi je suis né le 14 décembre 1990.
3. L'animatrice : – Et toi Romain, tu peux me dire quel jour tu es né ?
Romain : – Ma date de naissance, c'est le 27 avril 1995.
4. Cléo : – Et moi, Cléo, mon anniversaire, c'est le 15 juin.
L'animatrice : – Et ton année de naissance ?
Cléo : – Je suis née en 1993.

22 **1.** Une femme : – Quelle est votre adresse Monsieur Bourge ?
Monsieur Bourge : – 6, rue Gabriel David, 76240 Le Mesnil Esnard. C'est en Normandie.
2. Le moniteur : – Pierre, ton adresse ?
Pierre : – 16, allée Isabelle d'Aragon, Gif-sur-Yvette.
Le moniteur : – Et le code postal ?
Pierre : – 91190.
3. Une femme : – Mlle Pierrot, où habitez-vous ?
Mlle Pierrot : – 24, rue de la Tour Maubourg, 75007 Paris.

4. Un homme : – Bonjour Mme Pouzet, j'ai besoin de votre adresse exacte.
Mme Pouzet : – Bien sûr : 117, avenue de Gairaut.
Un homme : – C'est à Nice même ?
Mme Pouzet : – Oui, code postal 06100.

23 **1.** Une fille : – Tanguy, il est quelle heure ?
Tanguy : – Cinq heures et quart.
Une fille : – Oh, là, là ! Je suis en retard !
2. Une fille : – Pardon, monsieur, vous auriez l'heure, s'il vous plaît ?
Un homme : – Il est 10 heures et demie, mademoiselle.
Une fille : – Merci bien.
3. Un garçon : – Axelle, tu as l'heure ?
Axelle : – Huit heures vingt-cinq. Le film va bientôt commencer.
4. Une femme : – Quelle heure est-il ?
Un garçon : – Midi moins cinq, madame. Ça va sonner…

24 **1.** Cinéma Mercury. *Danse avec les loups*. Lundi, séance unique à 18 h 15. **2.** Je vous confirme votre rendez-vous pour mardi à 17 h 20. **3.** La bibliothèque est ouverte le mercredi de 14 h 30 à 18 h 45. **4.** Le cours d'anglais de jeudi est avancé à quatre heures et demie au lieu de 17 h 00. **5.** Pour la sortie des classes de vendredi, rendez-vous devant le lycée à 8 h 00 moins 20. **6.** On se voit samedi entre trois heures et quart et sept heures et quart.

25 **1.** Une fille : – Bonjour Madame. J'ai vu un t-shirt en vitrine. Combien il coûte s'il vous plaît ? Il n'y a pas le prix…
Une vendeuse : – Le pull marine et blanc ? Il fait 32, 99 €.
2. Un vendeur : – Voilà Madame. Un kilo de belles cerises.
Une dame : – Combien je vous dois ?
Un vendeur : – 3, 25 € s'il vous plaît.
3. – Un garçon : – Je me suis acheté des rollers
Un autre garçon : – Tu les as payés combien ?
Un garçon : – En solde, 104, 95 €. C'est un bon prix.
Un autre garçon : – Oh, c'est cher !
4. Un fille : – C'est combien le ticket de métro ?
Le caissier : – 1, 40 €.

26 (Tanguy) **1.** Le camping est à 5 kilomètres du village. **2.** Il est à cinquante mètres au-dessus des terrains de sport. **3.** Je vais réserver pour le mois de juillet. **4.** En tout, nous sommes douze. **5.** Il faudra deux tentes. **6.** Il faudra aussi des tables.

27 L'animateur : – Donnez-moi vos noms pour que je vous inscrive.
1. Matthieu : – Matthieu Leroux, L-E-R-O-U-X.

TRANSCRIPTIONS

2. Jules : – Je m'appelle Jules Bisset, B-I-S-S-E-T.
3. Élodie : – Mon nom, c'est Élodie Giraud, G-I-R-A-U-D.
4. Agathe : – Moi, je suis Agathe Schultz, S-C-H-U-L-T-Z.
5. Quentin : – Je m'appelle Quentin Pellerin, P-E-deux L-E-R-I-N.
6. Ludivine : – Et moi, je suis Ludivine Vasseur, V-A-S-S-E-U-R.

28 **1. L'animateur :** – Matthieu, dans quelle ville tu habites ?
Matthieu : – À Mandelieu, dans les Alpes-Maritimes, M-A-N-D-E-L-I-E-U.
2. L'animateur : – Jules, tu habites où ?
Jules : – À Besançon B-E-S-A-N-C cédille-O-N, dans le Jura.
3. L'animateur : – Élodie, tu es de Nancy ?
Élodie – Non, de Dombasle sur Meurthe, D-O-M-B-A-S-L-E sur Meurthe, M-E-U-R-T-H-E.
4. Agathe : – Moi, j'habite à Guebwiller. G-U-E-B-W-I-deux L-E-R.
L'animateur : – C'est en Alsace, n'est-ce pas Agathe ?
5. L'animateur : – Quentin, tu es d'Avignon je crois ?
Quentin : – Pas loin. J'habite les Vignères V-I-G-N-E accent grave-R-E-S.
6. L'animateur : – Et toi, Ludivine ?
Ludivine : – Moi, je suis d'un petit village qui s'appelle Mougins, M-O-U-G-I-N-S.

29 **1. Un professeur :** – Prenez une feuille. Interrogation surprise sur la dernière leçon d'histoire.
Un élève : – Oh non, Monsieur… !
2. Un garçon : – Allez, passe le ballon ! On est là nous aussi !
Un groupe de garçons : – But ! ! !
3. Une fille : – J'ai besoin de dix timbres, s'il vous plaît.
Une femme : – Tarif lettre ou carte postale ?
4. Le garagiste : – Qu'est-ce qui ne va pas ?
Un homme : – Je ne sais pas, mais la voiture fume et chauffe.
5. Une vendeuse : – Vous désirez ?
Un homme : – Un petit bouquet de roses, s'il vous plaît.
6. Un garçon : – Bonjour ! Une baguette et deux croissants, s'il vous plaît.
Une vendeuse : – Voici. 2, 40 €.

30 **1. La fille :** – Où sont les clefs ?
La mère : – Dans mon sac. Prends-les !
2. Le fils : – Où tu as rangé mes vieux cahiers de l'an dernier ?
La mère : – Dans une boîte au-dessous de l'armoire.
3. Le fils : – Où est-ce que j'ai laissé mon cartable ?
La mère : – Ouvre les yeux, il est sous ta chaise !
4. Un homme : – Où je peux trouver une pharmacie ?
Une femme : – En face de la boulangerie, sur la place.
5. Un garçon : – La plage, s'il vous plaît ?
Un homme : – C'est tout droit.
6. Une fille : – Je cherche le numéro 185.
Une vieille femme : – C'est au bout de la rue.

31 **1. Un garçon :** – Où se trouve le métro le plus proche ?
Une femme : – Vous prenez la première rue à gauche, puis la deuxième à droite.
2. Une fille : – Je cherche une librairie…
Un homme : – Traversez la place. C'est juste en face.
3. Une femme : – Vous pouvez m'indiquer la rue Jean Jaurès, s'il vous plaît ?
Un homme : – C'est la rue parallèle à celle-ci. Prenez à gauche, et vous tomberez sur la rue Jean Jaurès.
4. Une femme : – Excusez-moi, je cherche le restaurant *Aux délices de Lutèce*.
Un homme : – Il est rue de la Ferranderie. Vous continuez tout droit jusqu'à la place. Vous traversez la place, vous continuez et vous prendrez la première à droite.

32 **1. La mère :** – Tu peux venir m'aider ?
Le fils : – Non, pas tout de suite. Dans un quart d'heure.
2. La mère : – Tu as terminé tes devoirs ?
La fille : – Non, je suis en train de les faire seulement maintenant.
3. Un garçon : – Tu pars aujourd'hui ?
Un autre garçon : – Non, dans trois jours.
4. Une fille : – Tu as vu le dernier film de Spielberg ?
Une autre fille : – Oui, avant-hier. J'ai adoré.
5. Une fille : – On se voit tout à l'heure ?
Un garçon : – Oui, à 6 heures moins le quart.
6. Une femme : – Quand est-ce que vous êtes allés au théâtre ?
Une autre femme : – Il y a une semaine.

33 **1. La fille :** – Papa, je peux aller au cinéma ce soir à la séance de 22 heures ?
Le père : – Non, c'est trop tard.
2. Un professeur (femme) : – Il vous reste dix minutes pour terminer votre interrogation.
Un élève : – Je ne finirai jamais à temps !
3. Un garçon : – Tu veux que je t'aide pour le devoir de maths ?
Une fille : – Non, je préfère essayer toute seule. Je t'appellerai si vraiment je ne comprends rien.
4. La sœur : – Tu veux bien que je vienne au cinéma avec toi et tes copains ?

TRANSCRIPTIONS

Le frère : – Ah non alors ! Je ne vais pas te traîner derrière moi !
La sœur : – T'es sympa comme frère !
5. Le vendeur : – Ce modèle vous va parfaitement bien.
La cliente : – Non pas du tout. Il me grossit. Je peux essayer celui-ci ?
6. La secrétaire : – M. Duval vient de téléphoner. Il a dix minutes de retard.
Le directeur : – Je l'attends dans mon bureau.

Je m'entraîne

1 1. Vous êtes bien sur le répondeur vocal de la famille Gaucher. Nous sommes en vacances jusqu'au 15 août ! Vous pouvez nous joindre au 04 93 98 60 09, je répète 04 93 98 60 09, ou bien sur nos portables. Nous pouvons consulter également notre courriel. N'hésitez pas à nous écrire. Merci !
2. Nous sommes au regret d'informer notre aimable clientèle que le cinéma Mercury est fermé pour travaux jusqu'au 15 septembre 2006. Nous vous attendons à la rentrée dans des salles entièrement rénovées, plus confortables, et avec un système audio dolby de qualité. Notre programmation est déjà accessible en ligne sur : www. cinemamercury.fr. À très bientôt.
3. Bonjour. Vous êtes sur le répondeur du docteur Jean Delattre. Le pédiatre est en vacances. En cas de besoin, contactez le docteur Florence Joly, au 01 46 78 98 01, ou bien le docteur Sébastien Darcourt au 01 34 58 89 90. Le docteur sera de retour dès le 1er septembre.
4. Pendant les vacances d'été, la médiathèque change ses horaires. Le lundi, le mercredi et le jeudi, ouverture le matin, de 9 h 30 à 12 h 30. Le mardi et le vendredi, ouverture en continu de 9 h 30 à 18 h 30. Par contre, la médiathèque sera fermée tous les samedis. Nous vous informons que pendant l'été, il n'y aura pas de nouvelles acquisitions de DVD.

Exercices **2** à **5** Voir transcriptions **1**.

6 7 Télécom, bonjour. Pour écouter votre ou vos messages archivés, tapez 1. Pour modifier votre annonce d'accueil, tapez 2. Pour gérer vos options personnelles, tapez 3. Enfin tapez 0 pour plus d'informations sur votre répondeur 7 Télécom.

7 Bonjour, vous avez trois nouveaux messages. **Message 1** : Allô c'est Maman. N'oublie pas d'acheter le pain en rentrant du lycée. Je n'ai pas le temps de le faire, je sors trop tard du travail aujourd'hui. Puis mets une casserole d'eau sur le feu pour les pâtes. Je rentre vers une heure moins le quart. Pour réécouter le message, tapez 1, pour effacer le message, tapez 2, pour écouter le message suivant, tapez 3. **Message 2** : Salut Tanguy, c'est moi Anna. Ça te dirait de venir chez moi regarder un film d'horreur ce soir ? Mes parents seront sortis. On est déjà cinq. Avec toi, ça fera six. Réponds-moi par texto, cet après-midi, je suis obligée de mettre mon portable sur vibreur. Pour réécouter le message, tapez 1, pour effacer le message, tapez 2, pour écouter le message suivant, tapez 3. **Message 3** : Salut Tanguy. C'est Antonin. Pour le match de basket de cet après midi, le rendez-vous est confirmé à 14 h 00 devant le club. On ira en car jusqu'à l'endroit où on joue. Cette fois-ci, n'oublie pas tes sandwichs… Je ne vais pas te nourrir éternellement. À plus. Pour réécouter le message, tapez 1, pour effacer le message, tapez 2, pour écouter le message suivant, tapez 3.

8 **Première partie de l'enregistrement** : Bienvenue au cirque de la lune. Pour être mis en relation avec le service de réservations ou avoir des informations sur nos spectacles, tapez 1. Pour accéder aux autres services, tapez 2. Bip. Pour avoir des informations sur les spectacles, tapez 1. Pour avoir des informations sur les tarifs, tapez 2. Pour réserver, tapez 3. **Deuxième partie de l'enregistrement** : Bip. Les spectacles ont lieu tous les soirs – sauf le lundi – à 21 h 00 et le mercredi et le samedi, à 16 h. Les tarifs sont les suivants : zone A : 37 €, zone B (1er balcon) 28 €, zone C (2e balcon) 20 €, dernier rang 10 €. Les enfants de moins de 3 ans peuvent assister gratuitement, à condition de rester sur les genoux de leurs parents.

9 Le TGV 6183 de 18 h 50 à destination d'Avignon va partir, voie 8. Attention à la fermeture automatique des portes.
Le train 6726 de 18 h 57 en provenance de Dijon entre en gare, voie 12. Éloignez-vous de la bordure du quai.
Le TGV 6626 de 19 h 01 en provenance de Lyon Perrache est annoncé avec quinze minutes de retard, voie 7.
Le petit Louis attend ses parents au bureau des informations, le petit Louis attend ses parents au bureau des informations.

10 Nous informons notre aimable clientèle que le train est arrêté à cause d'un problème technique sur les voies. Nous vous demandons de ne pas ouvrir les portes du train. Des hommes travaillent actuellement sur la voie pour enlever l'obstacle. On prévoit environ vingt-cinq minutes

TRANSCRIPTIONS

de retard. La SNCF vous prie de bien vouloir excuser ce contretemps.

11 Dernier appel pour les passagers du vol Air France AF1438 de 11 h 40, à destination de Vienne, embarquement immédiat porte n° 7.
Les passagers du vol Air France AF7652 à destination de Lyon sont invités à se présenter porte n° 23 pour embarquement immédiat.
Le vol Iberia IB4423 à destination de Barcelone aura un retard de trente minutes. Départ prévu pour 12 h 00.
Les passagers du vol KLM KL2204 à destination de Zagreb sont invités à se présenter porte n° 18.

12 Le commandant M. Martin et son équipage sont heureux de vous accueillir à bord de cet Airbus A 320 de la compagnie Air France à destination de Lyon. Les hôtesses vont procéder aux démonstrations de sécurité. Nous rappelons que ce vol est non fumeur et qu'il est interdit de fumer dans les toilettes sous peine d'amende. Un dispositif anti-incendie serait immédiatement activé. Nous vous souhaitons un agréable voyage.

13 Nous traversons une zone de turbulences. Nous vous prions de regagner votre siège et d'attacher votre ceinture de sécurité.

14 Nous venons d'atterrir à l'aéroport de Lyon Saint Exupéry. La température extérieure est de 15 degrés. Nous vous demandons de bien vouloir maintenir vos ceintures attachées jusqu'à l'extinction du signal lumineux, et d'attendre l'arrivée dans l'aérogare pour allumer vos téléphones portables. La compagnie Air France vous remercie et espère vous accueillir prochainement sur ses lignes.

15 Les vacances approchent. Venez tous au quatrième étage de votre magasin. Un grand jeu est organisé au rayon livres. Les prix ? De magnifiques guides de voyage pour choisir votre destination de vacances, et des livres de photos splendides sur les pays du monde. Regardez Madame. Ces livres ne sont-ils pas splendides ? Venez tous. Ce n'est pas difficile. Uniquement des questions de géographie et d'histoire. Vous avez tout à gagner.

16 – Bonjour Théo. Tu as passé une bonne matinée ?
– Pas mal. J'ai tout su à mon contrôle de maths. Mais j'ai une faim de loup. Qu'est-ce qu'il y a à manger ?
– Un couscous.
– Un couscous ! Mais c'est super. Et tu as eu le temps de préparer ça ! Tu es formidable maman. Je t'adore !

Voix off : Les secrets des Mamans ne se disent pas. Chut… Plats cuisinés surgelés Findor… Le fin du fin !

17 Voix 1 : – La rentrée, une dure épreuve pour le porte-monnaie ! Et que de difficultés ! Des feuilles A4 blanches à trous, un cahier petit format petits carreaux, des pinceaux fins, moyens et gros… de la colle en tube ou en pot… 12 feutres, 24 crayons de couleur… Mais venez donc chez nous ! Vous trouverez tout. Et pas cher du tout.
Voix off : – Rondpoint, l'hypermarché qui pense à tout, qui pense à vous.

18 – Joël, du beau temps ce matin sur toute la France ?
– Oui du beau temps, presque sur toute la France. Il y a quelques nuages à l'est. Les températures sont en hausse partout. On sent le printemps. 15° près de l'océan, 16° à Paris, et 20° sur la Côte d'Azur. Le soleil brille partout, mais en Alsace et en Lorraine, il y aura quelques averses. Radio Soleil. Il est huit heures.

19 France Infos. Il est vingt heures.
– Ça y est ! La coupe du monde de football a commencé. Les premiers matchs verront s'affronter les Allemands et les Polonais, les Espagnols et les Suédois, les Mexicains et les Ivoiriens.
– Un tremblement de terre a secoué l'Indonésie. Il y a déjà 1 500 morts. Les aides humanitaires s'organisent. L'ONU demande 100 millions de dollars pour aider les survivants.
– Festival du cinéma de Cannes. La Palme d'or aux Anglais pour le très beau film *Le Vent se lève*. Le grand Prix du Jury est allé au Français Bruno Dumont pour son film intitulé *Flandres*. Le prix de la meilleure interprétation féminine a été donné à 6 actrices à la fois : les interprètes du film espagnol d'Almodovar, *Volver*.
– Les scientifiques viennent de valider la découverte d'une grotte préhistorique, à Vilhonneur près d'Angoulême. On n'y a pas retrouvé de gravures exceptionnelles mais des ossements, des morceaux de squelettes, vieux de 25 000 ans. La grotte est toujours fermée au public.

20 Une journaliste : – Dominique B. Vous avez déjà chanté devant un public non francophone ?
Dominique B. : – Oui, pas très souvent, mais j'aime bien. On peut chanter dans sa langue, même si les autres ne comprennent pas et réussir à faire passer quelque chose, à transmettre une énergie.
Une journaliste : – Vous chantez en anglais ?
Dominique B. : – Oui, et un peu en espagnol. En

TRANSCRIPTIONS

fait, changer de langue, c'est changer sa façon de chanter.
Une journaliste : – C'est vrai que, quand vous chantez en anglais, on a l'impression que vous n'avez pas la même voix…
Dominique B. : – Ben oui, parce que l'anglais n'a pas la même mélodie. On peut faire vocalement des choses qu'on ne peut pas faire en français.
Une journaliste : – Qu'est-ce qui compte : la musique ou le texte des chansons ?
Dominique B. : – Oh je trouve que souvent les Français sont trop attentifs au texte. En fait ce qui compte, pour la chanson, c'est la forme sonore.

21 Bonjour à tous et à toutes, pour notre recette du matin. Aujourd'hui, une recette pour les débutants : le gâteau pommes-yaourt. Sortez le matériel : un saladier, un fouet, une cuillère, un couteau, un moule rond. Prenez les ingrédients : trois œufs, un pot de yaourt nature, une pomme, un sachet de levure, une pincée de sel, et de la farine, de l'huile (pas d'huile d'olive) et du sucre. Pour mesurer la farine, l'huile et le sucre, vous prendrez le pot du yaourt vide : deux pots de sucre, trois pots de farine, un pot d'huile. Vous êtes prêts ? D'abord allumez le four à 200 degrés. Versez le yaourt dans le saladier et ajoutez le sucre. Puis cassez les œufs et ajoutez-les un à un. Mélangez bien. Puis ajoutez la farine, la levure, le sel et l'huile. Mélangez encore. Pelez la pomme et coupez-la en morceaux. Ajoutez-les à la pâte. Prenez le moule. Beurrez-le. Versez la pâte dans le moule, et mettez au four pendant trente-cinq minutes. Quel parfum ! Sortez le gâteau du four. Démoulez-le. Ce sera très bon avec une glace vanille ou chocolat. Bon appétit.

22 Tanguy : – Allô ! Salut Antonin. Tu es toujours d'accord pour venir chez moi, cet après-midi ?
Antonin : – Oui.
Tanguy : – Tu as mon adresse ?
Antonin : – Oui, rue Charcot dans le XIIIe, mais dis-moi : comment il faut faire pour aller chez toi ? Tu sais que j'habite un peu loin en fait.
Tanguy : – Bon, tu prends le métro et tu descends à la station Nationale.
Antonin : – D'accord.
Tanguy : – Tu marches un peu sur le boulevard Vincent Auriol en direction de la Seine et tu prends la deuxième rue à droite.
Antonin : – C'est quelle rue ?
Tanguy : – Euh… la rue Dunois. Dunois, c'est ça.
Antonin : – Oui, et puis ?
Tanguy : – Tu remontes la rue Dunois en direction de la Bibliothèque Nationale et ma rue, c'est la 6e sur ta gauche, la rue Charcot. On est au numéro 18, sur le côté gauche de la rue quand tu descends. C'est un immeuble moderne. Ça va, c'est clair ?
Antonin : – Oui, oui, si je me perds, je t'appelle au secours ! Allez, à tout à l'heure.
Tanguy : – Salut ! À plus !

23 Une vendeuse : – Bonjour mademoiselle. Vous désirez ?
Axelle : – Je voudrais voir des pantalons, taille basse, et serrés en bas. Pas trop longs. Comme on fait cette année.
Une vendeuse : – Des pantacourts ?
Axelle : – Oui c'est ça.
Une vendeuse : – Nous avons ces deux modèles. Celui-ci avec un tissu type jean, et il y a plusieurs coloris, et ce modèle-là en coton plus léger.
Axelle : – Je préfère plus léger pour l'été. Ce modèle, il existe en quelles couleurs ?
Une vendeuse : – Bleu clair, rose fuschia, mauve, blanc et noir. Et orange aussi.
Axelle : – Je vais essayer en orange. J'aime bien les couleurs gaies.
Une vendeuse : – Quelle taille ?
Axelle : – Un 38 s'il vous plaît.
Une vendeuse : – Voilà. La cabine d'essayage est là. Ça va ?
Axelle : – Oui super ! Je l'achète sans hésitation. Il fait combien ?
Une vendeuse : – Il n'est pas cher : 24, 90 €.
Axelle : – Tant mieux !
Une vendeuse : – Merci et au revoir, mademoiselle.
Axelle : – Au revoir madame.

24 Tanguy : – Tu as fait la liste ?
Axelle : – Évidemment, je ne t'ai pas attendu ! On commence par les boissons. Trois bouteilles de coca, quatre bouteilles de thé glacé.
Tanguy : – À la pêche ! Je déteste le thé au citron.
Axelle : – À la pêche d'accord. On prend aussi des jus de fruits.
Tanguy : – Du jus d'orange et du jus de pomme. Deux bouteilles de chaque.
Axelle : – Et puis de l'eau minérale, plate. Quatre bouteilles.
Tanguy : – Bon maintenant les choses à manger.
Axelle : – On fera des petites tartines au jambon, au pâté. Il faut deux paquets de pain de mie.
Tanguy : – Deux paquets, c'est pas assez. Il en faut au moins cinq.
Axelle : – Le jambon et le pâté, on en a déjà à la maison. On n'en a pas besoin.
Tanguy : – Je prends des chips aussi. On a tout ?
Axelle : – Pour les gâteaux, je les fais et j'ai tout à la maison. Et les cerises, c'est maman qui les achète au marché.

7

TRANSCRIPTIONS

25 Tanguy : – Bon, c'est bientôt la fête des mères. Qu'est-ce qu'on achète à maman ? Moi, je n'ai pas d'idées.
Axelle : – Ça ne m'étonne pas, tu n'as jamais d'idées ! On pourrait lui acheter un parfum.
Tanguy : – Encore un parfum ! Tous les ans, on lui offre un parfum ou alors un foulard. C'est toi qui n'as pas d'idées !
Axelle : – Bon, bon, ça va. Tu as vu le portefeuille de maman, il est tout abîmé. Si on lui prenait un portefeuille…
Tanguy : – Mais c'est cher !
Axelle : – Pas plus qu'un parfum. On le prendrait en cuir, c'est sûr, mais on ne va pas choisir un portefeuille de luxe.
Tanguy : – Bon d'accord. Mais tu sais où on peut acheter un portefeuille ?
Axelle : – Dans un grand magasin. On peut aller aux Galeries Lafayette.
Tanguy : – Oui, mais quand ? Je n'ai pas beaucoup de temps… j'ai beaucoup d'entraînements cette semaine, on a une compétition ce week-end.
Axelle : – Écoute, donne-moi de l'argent et j'irai moi. J'irai avec une copine pour m'aider à choisir.
Tanguy : – C'est sympa. Tiens, je te donne 15 €. Tu crois qu'avec 30 €, tu trouveras quelque chose ?
Axelle : – Oui, ne t'inquiète pas. Même avec moins.

26 Axelle : – Allô, bonjour monsieur. Est-ce que je pourrais parler à Marine, s'il vous plaît ?
Le père de Marine : – Mais oui, je l'appelle, ne quitte pas… Marine ! Axelle au téléphone.
Marine : – Salut Axelle. Ça va ?
Axelle : – Très bien, merci. Je t'appelle parce que je voudrais te proposer quelque chose. Il y a le film *Da Vinci Code* qui vient de sortir. Ça te dirait d'aller le voir ?
Marine : – Bof, pas trop. Je n'ai pas encore lu le livre, et après je saurai la fin…
Axelle : – Oh tu sais. Le livre n'est pas un chef d'œuvre. C'est l'histoire qui est sympa. Le début se passe au musée du Louvre. Et puis, il y a Audrey Tautou. Elle joue le rôle principal. Tu sais, celle qui a fait *Amélie Poulain*.
Marine : – Alors je viens. Je l'adore ! À quelle heure est la séance ?
Axelle : – Il y en une à 16 h 00 et une à 18 h 30. Laquelle tu préfères ?
Marine : – La première. Le soir, je suis invitée avec mes parents. On se retrouve à quatre heures moins dix ?
Axelle : – D'accord, devant le cinéma. La première qui arrive prend les tickets.
Marine : – Demande le tarif réduit !
Axelle : – Oh, le samedi, je ne sais pas.

27 Tanguy : – Vous savez qu'on a gagné la coupe de basket ! Et pourtant, quand on est partis dimanche matin, on était sûrs de perdre ! On avait trois joueurs de moins. Lucas s'était cassé un bras. Martin et Antonin étaient malades. Et c'étaient nos meilleurs joueurs. Ah ! On n'avait pas le moral. Pendant tout le voyage, notre entraîneur nous a donné des conseils, on a beaucoup parlé. Au moment de jouer, on était tous très concentrés. On a tout de suite fait plusieurs paniers. L'équipe d'en face a fait plusieurs erreurs. Bref, on a eu confiance et on a gagné ! 56 à 44. Vous ne pouvez pas savoir comme on était contents à la fin. Ça a été formidable. Vraiment ça valait le coup. Il ne faut jamais se décourager.
Un camarade : – Vous êtes super ! En plus vous avez ramené une coupe pour le lycée.

28 Tanguy : – Axelle, je t'ai pris ton *i-pod*. Je ne trouve plus le mien.
Axelle : – Ah, mais tu exagères ! Tu perds toujours tout et après tu viens me prendre mes affaires. Et en plus, d'abord tu les prends et après tu me le dis !
Tanguy : – Là je te le dis avant, tu vois. Bon tu me le prêtes ou quoi ?
Axelle : – Non, je ne te le prête pas. Tu n'as qu'à pas perdre le tien. Et puis j'en ai besoin, parce que je vais à la danse, et j'aime bien écouter de la musique dans le bus.
Tanguy : – Pour une fois, tu pourrais me le laisser. Tu as juste dix minutes de bus. Tu ne vas pas mourir. Moi, j'ai une heure de permanence au lycée. On a un prof. absent. Alors je vais m'ennuyer.
Axelle : – Profites-en pour faire tes devoirs à l'avance. Pour une fois, tu auras fait tes exercices.
Tanguy : – Bon ben, si tu ne me prêtes pas ton *i-pod*, je te prêterai plus mes DVD pour les voir avec tes copines.
Axelle : – Ah non, tu me l'as promis, et elles viennent demain.
Tanguy : – Ah ah ! Alors tu me le prêtes cet *i-pod* ?
Axelle : – Bon d'accord. Mais c'est la dernière fois, tu entends !

PRODUCTION ORALE

Je m'entraîne

1 **Le début d'entretien dirigé d'Hannah**
Hannah : – Bonjour, monsieur.
L'examinateur : – Bonjour, comment vous appelez-vous ?
Hannah : – Hannah, Hannah Brucker.

TRANSCRIPTIONS

L'examinateur : – Bon, Hannah, asseyez-vous. Alors vous savez que l'épreuve orale est en trois parties. Vous allez tirer le sujet pour la 2e épreuve. Allez-y. Alors qu'est-ce que vous avez tiré ?
Hannah : – Il y a deux sujets « Parlez de vos prochaines vacances » et « Parlez de la ville où vous habitez. ».
L'examinateur : – Lequel vous préférez ?
Hannah : – Le premier.
L'examinateur : – Vous devrez parler à peu près deux minutes. Maintenant, pour l'épreuve 3 – l'exercice en interaction, vous avez le choix entre deux sujets : « Vous êtes dans un magasin de vidéo, et vous cherchez le DVD *Le Seigneur des anneaux.* » ou bien « Vous voulez aller à la piscine. Vous téléphonez pour vous informer. » Lequel choisissez-vous ?
Hannah : – Toujours le premier.
L'examinateur : – Très bien. Vous, vous serez la cliente, et moi je serai le vendeur. Maintenant, vous vous installez là-bas, dans ce coin, vous serez tranquille pour vous préparer. Vous avez dix minutes. Cherchez des idées. Vous pouvez prendre des notes, mais n'écrivez pas de phrases entières. Vous ne pourrez pas lire. Vous avez bien compris ?
Hannah : – Oui, monsieur.
L'examinateur : – Bon, alors à tout à l'heure, Hannah.

2 Le début d'entretien dirigé de Manuel

Manuel : – Bonjour, madame.
L'examinatrice : – Bonjour, tu peux t'asseoir. (…) Tu t'appelles comment ?
Manuel : – Manuel.
L'examinatrice : – Et ton nom ?
Manuel : – Sanchez.
L'examinatrice : – Ça s'écrit comment ? Tu peux épeler, s'il te plaît ?
Manuel : – Sanchez, S-A-N-C-H-E-Z.
L'examinatrice : – Très bien. Alors je vais t'expliquer comment va se passer ton examen. Je vais te donner deux sujets. Pour le monologue suivi, tire un petit papier et lis les deux sujets.
Manuel : – « Parlez de votre animal favori » ou alors « Racontez votre dernier week-end ». Je prends le deuxième
L'examinatrice : – Maintenant pour la deuxième épreuve – l'exercice en interaction… Tu choisis entre ces deux sujets : « Un copain français vous téléphone pour vous inviter chez lui pendant les vacances. Vous demandez des précisions, puis vous acceptez et vous vous mettez d'accord » ou alors « Vous êtes chez un ami francophone ; sa mère vous a reçue très gentiment, et vous voulez acheter des fleurs pour elle chez un fleuriste. »

Manuel : – Je prends le premier.
L'examinatrice : – Moi, je jouerai le rôle de la copine française qui t'invite. Notre conversation durera trois ou quatre minutes. Tu as tout compris ?
Manuel : – Oui, madame.

3 L'entretien dirigé d'Hannah

L'examinateur : – Alors, Hannah, vous êtes prête ?
Hannah : – Oui, monsieur.
L'examinateur : – Vous avez quel âge ?
Hannah : – Je vais avoir quatorze ans dans un mois.
L'examinateur : – Il y a combien d'années que vous faites du français ?
Hannah : – J'en fais depuis trois ans.
L'examinateur : – Vos parents travaillent ?
Hannah : – Oui, mon père est employé dans une banque, et ma mère est institutrice dans une école maternelle
L'examinateur : – Vous avez des frères et sœurs ?
Hannah : – Oui, j'ai un frère, qui a seize ans, et qui s'appelle Niels.
L'examinateur : – Vous vous entendez bien ?
Hannah : – En général, oui, mais quelquefois on se dispute !
L'examinateur : – Pourquoi ?
Hannah : – Quand il me prend mes CD, par exemple, ou quand il lit les textos que mes copines m'envoient.
L'examinateur : – Vous avez des animaux ?
Hannah : – J'ai un chat, qui s'appelle Astérix.
L'examinateur : – Astérix ? Quel drôle de nom pour un chat ! Et qui est-ce qui s'occupe de lui ?
Hannah : – C'est toujours moi ; mon frère n'aime pas les chats.
L'examinateur : – Ah ! C'est bien. Vous vous débrouillez bien. On continue ! ! !

5 La suite de l'entretien dirigé d'Hannah

L'examinateur : – Vous habitez loin de l'école ?
Hannah : – À quatre kilomètres, à peu près.
L'examinateur : – Et vous venez comment ? En vélo ? En bus ?
Hannah : – Non, en général mon père m'accompagne, parce qu'il vient travailler.
L'examinateur : – À quelle heure est-ce que vous devez vous lever ?
Hannah : – À sept heures.
L'examinateur : – Vous avez cours le matin et l'après-midi ?
Hannah : – Non, seulement le matin.
L'examinateur : – Et l'après-midi, qu'est-ce que vous faites ?
Hannah : – D'abord, je fais mes devoirs, puis je joue à des jeux vidéo, ou bien je lis.
L'examinateur : – Vous ne sortez jamais avec vos copains ?

TRANSCRIPTIONS

Hannah : – Si, quelquefois, le samedi.
L'examinateur : – Et le dimanche ?
Hannah : – Le dimanche, je vais souvent chez mes grands-parents, avec mes parents.
L'examinateur : – Bon, c'est bien, Hannah. Vous vous débrouillez vraiment très bien. Au revoir.
Hannah : – Au revoir, monsieur.

6 L'entretien dirigé de Manuel

L'examinatrice : – Alors, Manuel, tu es prêt ? C'est à toi.
Manuel : – Je suis prêt, madame.
L'examinatrice : – Tu as quel âge, Manuel ?
Manuel : – J'ai treize ans et demi. J'aurai quatorze ans dans quatre mois.
L'examinatrice : – Qu'est-ce que tu aimes faire ? Tu fais du sport ?
Manuel : – Oui, je joue au tennis, mais pas très bien.
L'examinatrice : – Tu ne joues pas au foot ?
Manuel : – Non, je déteste les sports d'équipe.
L'examinatrice : – Ah, bon ! C'est bizarre, ça ! Et du tennis, tu en fais souvent ?
Manuel : – Deux ou trois fois par semaine.
L'examinatrice : – Et la musique, tu aimes ça ?
Manuel : – Ah oui, j'adore ! Toutes les musiques. J'en écoute tout le temps.
L'examinatrice : – Quel genre en particulier ?
Manuel : – J'aime bien le rock, et les musiques latino-américaines aussi.
L'examinatrice : – Tu joues d'un instrument, aussi ?
Manuel : – Je joue un peu de la guitare.
L'examinatrice : – Ah oui ? Il y a longtemps que tu as commencé ?
Manuel : – Il y a trois ans. Je prends des cours avec un professeur.
L'examinatrice : Eh bien, bonne chance, Manuel.
Manuel : – Merci, madame.

9

1. – Où se trouve ton école ? 2. – Comment est-ce que tu y vas ? 3. – Depuis quand est-ce que tu fais du français ? 4. – Vous êtes combien, en classe ? 5. – Tu t'entends bien avec tes copains ? 6. – Tu vas à l'école tous les jours, toute la journée ? 7. – Tu te lèves tôt, le matin ? 8. – Combien de temps tu passes par jour à faire tes devoirs ? 9. – Tu les fais où ? Dans ta chambre ? 10. – Tu habites dans une maison ou dans un appartement ? 11. – Tu as des frères ou des sœurs ? 12. – Quels sont tes passe-temps préférés ? 13. – Tu regardes souvent la télévision ? 14. – Quelles émissions tu regardes, et lesquelles tu ne regardes jamais ? 15. – Jusqu'à quelle heure tu peux rester levé, le soir ? 16. – Qu'est-ce que tu fais pendant les grandes vacances ? 17. – Qu'est-ce que aimerais faire, plus tard ? Tu y as déjà pensé ?

10 Le monologue suivi d'Hannah

Pendant les vacances, comme tous les ans, on va aller à Iesolo, en Italie, avec mes parents. On restera quinze jours, en juillet, dans un appartement. C'est près de la plage, alors c'est bien. D'un côté je suis contente d'y retourner, parce que j'y retrouve des amis qui y sont chaque année. C'est tous des Allemands. Mais d'un autre côté, j'en ai un peu assez d'aller toujours au même endroit ; je préférerais connaître aussi d'autres endroits. Je voudrais aller sur la Côte d'Azur, par exemple, ou bien en Tunisie. Comme toujours, on passera beaucoup de temps sur la plage, parce qu'il fait presque toujours beau. On se baignera, et moi j'adore me baigner, on jouera au volley, on mangera des glaces. En Italie, elles sont très bonnes. Moi, je voudrais aller à la discothèque, mais mes parents disent que je suis trop jeune, et ça, ça n'est pas juste ! Et puis, après Iesolo et l'Italie, j'irai un peu chez mes grands-parents. Ils habitent un petit village dans la Forêt Noire. Chez eux, c'est bien, mais je m'ennuie un peu, parce qu'il n'y a pas beaucoup de jeunes. J'imagine que ma grand-mère voudra que j'aille avec elle chercher des champignons, et moi, les champignons, ça ne m'intéresse pas ! Heureusement qu'il y aura aussi mon frère et mes cousins !

12 (exercice non enregistré)
Le monologue suivi de Martin

Bon, alors j'habite à Lorrach. C'est une petite ville de 20 000 habitants, qui se trouve en Allemagne, mais près de la frontière française et de la frontière suisse. Alors, je vais souvent en France, à Strasbourg, ou juste à côté de Lorrach, à Saint-Louis. C'est près de la Forêt Noire, alors le dimanche, avec mes parents on va souvent se promener dans la forêt. Moi j'aime bien y aller au printemps, mais pas en hiver parce qu'il y a de la neige, et je n'aime pas la neige. À Lorrach, il y a des industries. On fabrique du chocolat, des meubles, et puis d'autres choses. Près de Lorrach, il y a un vieux château, qui avait été détruit par les Français au XVIIe siècle, mais qui a été reconstruit. Autrement, il n'y a pas beaucoup de monuments. J'aime bien Lorrach parce qu'il y a tous mes copains, mais il n'y a pas beaucoup de choses pour les jeunes. Alors, les jeunes vont souvent à Bâle, en Suisse, qui n'est pas loin.

14 Le monologue suivi de Manuel

L'examinatrice : – Alors, Manuel, maintenant tu vas me raconter ton dernier week-end.
Manuel : – Oui, alors, samedi après-midi d'abord avec mes copains on est allés à une fête. C'était l'anniversaire d'une fille de ma classe et on était

TRANSCRIPTIONS

tous invités. Ça a duré jusqu'à huit heures du soir, et on s'est bien amusés. Tout le monde avait apporté quelque chose, alors il y avait beaucoup de choses à manger et à boire. Et puis, surtout, on a dansé. Enfin… moi, j'ai regardé les autres danser, parce que moi, je ne sais pas bien danser, et je n'ose pas. À un moment, on a eu peur, parce que les bougies du gâteau ont mis le feu aux papiers des cadeaux ! Heureusement on l'a vu tout de suite ! Puis, le soir je suis resté chez moi ; j'ai regardé un peu la télévision, mais je ne me rappelle pas quoi. Ce n'était pas très intéressant. Dimanche matin, je me suis levé tard, comme tous les dimanches. Le matin, j'ai rien fait de spécial. L'après-midi, il y avait un match de basket de l'équipe où ma sœur joue, alors toute la famille a été la voir. Malheureusement, elles ont perdu. Il faut qu'elles fassent plus d'entraînements ! Voilà, c'est tout ! Ah non, j'oubliais, dimanche soir, j'ai fait un peu mes devoirs pour lundi.

16 (exercice non enregistré)
Le monologue suivi de Carmen
Mon meilleur ami s'appelle Pedro. Il a un an de plus que moi, mais on est dans la même classe. On se connaît depuis qu'on était petits, parce qu'on habitait à côté et nos familles sont restées très amies. Il est grand, plus grand que moi ; il a les cheveux blonds et frisés. Il plaît aux filles ! Mais pour moi, c'est comme un frère. Il est très sympathique ; il aime rire et plaisanter. Au collège, il fait souvent des blagues aux autres, et quelquefois aux professeurs ! Je l'admire parce que moi, je suis plutôt timide. On est différents, mais on a des intérêts communs. Il est fort en maths, mais moins que moi ! Par contre, il est plus fort que moi en ski. On va en faire ensemble, l'hiver. Ensemble, on fait aussi du VTT. Quand on peut, on va ensemble aux concerts de nos groupes préférés, mais c'est rare, parce qu'il y a peu de concerts ici. Il faudrait qu'on aille à Barcelone, mais c'est loin, et les parents devraient nous accompagner… On ne passe pas nos vacances ensemble : lui, avec ses parents, il fait des voyages en camping car, et moi je reste ici, je vais à la plage. J'espère bien qu'on restera toujours amis.

26 L'exercice en interaction d'Hannah
Hannah : – Pardon monsieur, je cherche un DVD.
Le vendeur (examinateur) : – Oui. Quel DVD ?
Hannah : – Le DVD du *Seigneur des Anneaux*.
Le vendeur : – Lequel des trois ? *L'anneau*, *Les deux tours* ou bien *Le retour du roi* ?
Hannah : – Le dernier, c'est bien *Le retour du roi* ?
Le vendeur : – Oui.
Hannah : – Alors, c'est celui-là que je veux.

Le vendeur : – Le voilà, mademoiselle.
Hannah : – Il coûte combien, s'il vous plaît ?
Le vendeur : – Il fait 24, 99 €.
Hannah : – Oh, c'est cher !
Le vendeur : – Oh, non, il n'est pas cher il y a même une réduction…
Hannah : – Bon, je le prends. Vous pouvez me faire un paquet cadeau ?
Le vendeur : – Demandez à la dame, là-bas.
Hannah : – Je paie ici ou à la caisse ?
Le vendeur : – À la caisse, s'il vous plaît.

27 (exercice non enregistré)
L'exercice en interaction de Carmen
Le fleuriste : – Bonjour, mademoiselle. Vous désirez ?
Carmen : – Je dois offrir des fleurs à la mère d'un copain.
Le fleuriste : – Oui. Vous avez une idée ? Un bouquet, une plante fleurie ?
Carmen : – Je crois qu'il vaut mieux que je prenne un bouquet …
Le fleuriste : – Je peux vous en faire un beau. Quelles couleurs préférez-vous ?
Carmen : – Je ne sais pas, qu'est-ce que vous me conseillez ?
Le fleuriste : – Ça dépend des goûts de la personne. Plutôt jaune et blanc ou plutôt rose ?
Carmen : – Peut-être jaune et blanc. Ça irait bien chez elle…
Le fleuriste : – Vous voulez dépensez combien ? 25 €, 40 € ?
Carmen : – 25 €, ça ira.
Le fleuriste : – Très bien. Regardez, et dites-moi quelles fleurs j'y mets.
Carmen : – Mettez un peu de celles-ci et un peu de celles-là.
Le fleuriste : – Je mets aussi quelques branches vertes ?
Carmen : – Je vous laisse faire …
Le fleuriste : – Voilà, mademoiselle. Il vous plaît ?
Carmen : – Oui, il est beau. Je vous dois combien ?
Le fleuriste : – Eh bien, 25 €, comme nous avions dit.
Carmen : – Voilà, monsieur
Le fleuriste : C'est parfait. Au revoir, mademoiselle.
Carmen : – Au revoir, monsieur, merci.

31 L'exercice en interaction de Manuel
Lisa (examinatrice) : – Allô ? C'est Lisa Lacroix. Je voudrais parler à Manuel, s'il vous plaît.
Manuel : – C'est moi. Salut, Lisa. Comment ça va ?
Lisa : – Très bien, et toi ?
Manuel : – Moi aussi, et c'est bientôt les vacances, alors ça va encore mieux.
Lisa : – Alors, justement, à propos des vacances :

TRANSCRiPTiONS

ça t'intéresserait de venir quelques jours chez moi, cet été ? Mes parents sont d'accord. C'est eux qui m'ont dit de t'inviter.
Manuel : – Eh bien, c'est sympa, et j'aimerais bien, mais il faut que je demande à mes parents…
Lisa : – Si tu veux, les miens peuvent leur téléphoner, pour les convaincre.
Manuel : – Pourquoi pas ? Je vais leur demander, d'abord. Tu voudrais que je vienne quand ?
Lisa : – Nous, on est à la maison tout le mois de juillet. Et tu sais, on habite près de Grenoble. C'est beau. Il y a les Alpes juste à côté.
Manuel : – Oui, je te crois. Et si mes parents sont d'accord, quand est-ce que je pourrais venir ?
Lisa : – Quand tu veux, mais avant le 30, parce que le 30 on part en Bretagne, et la maison qu'on a louée en Bretagne est petite. L'idéal, ce serait vers le 14 juillet.
Manuel : – Ça irait très bien, parce qu'au mois d'août, je dois aller chez mes grands-parents, avec tous mes cousins et cousines.
Lisa : – Bon, eh bien penses-y. On pourrait faire du VTT, des randonnées en montagne si tu aimes ça, de la spéléologie
Manuel : – De la quoi ?
Lisa : – De la spéléo, de la spéléologie ; il y a beaucoup de grottes dans la région….
Manuel : – De la spéléologie ? Waouh !
Lisa : – Si tu as besoin que mes parents téléphonent aux tiens, appelle-moi.
Manuel : – D'accord. Et merci, hein ! Tu es sympa !
Lisa : – À bientôt, j'espère !

33 (exercice non enregistré)
L'exercice en interaction de Martin
Une employée de la piscine : – Allo, Piscine communale, bonjour.
Martin : – Bonjour, madame. Je voudrais savoir à quelle heure la piscine est ouverte demain.
Une employée de la piscine : – Elle est ouverte de 8 heures à 21 heures, mais le matin jusqu'à 10 heures elle est réservée aux associations, et entre 15 heures et 17 heures elle est réservée aux entraînements des athlètes.
Martin : – Alors, quand est-ce qu'elle est ouverte au public ?
Une employée de la piscine : – Entre 10 heures et 15 heures, et après 17 heures.
Martin : – Vous pouvez me répéter, s'il vous plaît ? Je n'ai pas bien compris.
Une dame de la piscine : – De 10 heures du matin à 3 heures de l'après-midi, et après 5 heures de l'après-midi ; elle est ouverte jusqu'à 9 heures du soir.
Martin : – Merci, madame. Est-ce que vous pouvez m'indiquer aussi les tarifs, s'il vous plaît ?

Une employée de la piscine : – Vous avez quel âge ?
Martin : – Quatorze ans.
Une employée de la piscine : – Jusqu'à 16 ans, c'est 5 € l'entrée.
Martin : – Merci beaucoup, madame
Une employée de la piscine : – À votre service. Ah, rappelez-vous qu'il faut obligatoirement avoir un bonnet de bain pour aller dans l'eau.
Martin : – Merci, madame. Au revoir.

SUJET D'EXAMEN 1
JE PASSE LE DELF

Épreuve de COMPRÉHENSiON DE L'ORAL

1 **Première partie de l'enregistrement :** Bonjour. Vous êtes sur le serveur vocal de la salle omnisport Poulidor. Si vous souhaitez des informations sur nos activités sportives, tapez 1. Si vous souhaitez des informations sur l'utilisation de nos structures en accès libre (piscine, salle de gym, terrains de jeux) tapez 2. Si vous souhaitez réserver des billets pour les différents matchs de championnat (basket, volley), tapez 3. Pour réécouter cet enregistrement, tapez 4.
Deuxième partie de l'enregistrement : Pour la finale de volley de la coupe interrégionale junior du 15 mai, nous sommes au regret de vous informer qu'il n'y a plus de places disponibles.
Pour la demi-finale de la coupe interrégionale junior de basket du 17 mai et pour la finale du 24 mai, il reste encore quelques places disponibles à 15 € et à 10 €. Si vous souhaitez réserver, restez en ligne. Une secrétaire va prendre votre appel. Merci.

2 Une présentatrice : – Bonjour à tous nos auditeurs sur Radio Soleil. Aujourd'hui, nous vous parlerons de la grande fête de la lecture, « Lire en fête », qui aura lieu les 13, 14 et 15 octobre prochains. Cette fête a été créée il y a maintenant seize ans. La lecture et les mots sont à l'honneur. Nous avons à côté de nous Monsieur Richard, conseiller municipal aux affaires culturelles. C'est lui qui est chargé de la préparation de la manifestation dans notre ville. Monsieur Richard, que va-t-il se passer cette année ?
M. Richard : – Eh bien, nous continuons comme l'an dernier à animer les différentes places de la ville avec des lectures publiques. Sur une place, on lira de la poésie, sur une autre des récits

TRANSCRIPTIONS

et sur une troisième, des scènes de théâtre à plusieurs voix.
Une présentatrice : – Et pour les jeunes et les enfants ?
M. Richard : – Cette année, nous avons choisi le thème des animaux, les enfants ont écrit des contes et les ados des récits réalistes. Il y aura un concours pour récompenser les meilleurs, suivi d'une lecture publique bien sûr.
Une présentatrice : – Eh bien nous espérons, chers auditeurs, que vous participerez nombreux à cette fête des mots. Au revoir Monsieur Richard.

3 Axelle : – Maman, demain, Lucie a organisé une fête pour son anniversaire. Elle m'a invitée. Je peux y aller ?
La mère : – Où ? Chez elle ?
Axelle : – Non, elle nous a invitées dans une crêperie et après on va chez elle voir un film.
La mère : – Mais tu vas rentrer tard ?
Axelle : – Je ne sais pas moi, vers minuit.
La mère : – Quoi ? Minuit. Mais tu n'y penses pas ! C'est beaucoup trop tard. Je ne vais pas venir te chercher à minuit, moi ! Je travaille demain.
Axelle : – Mais le père de Lucie a dit qu'il nous raccompagnerait. Et puis le film finira peut-être avant.
La mère : – Ah bon ?
Axelle : – Et puis demain, je rentre en classe à dix heures, tu sais bien.
La mère : – Tu en as parlé à ton père ?
Axelle : – Non. Mais tu le lui diras, il (ne) dira pas non !
La mère : – Bon, c'est d'accord.
Axelle : – Merci

SUJET D'EXAMEN 2

JE PASSE LE DELF

Épreuve de COMPRÉHENSION DE L'ORAL

1 Antonin : – Tanguy, c'est moi. Je t'appelle de la part de notre entraîneur. Il y a un problème pour le match qu'on doit jouer à Chaumont. Au lieu de partir à 8 h 30 en car comme prévu, on part en train. Le train est à 7 h 09, et on a rendez-vous à la gare de l'est à 6 h 50 au début du quai. C'est le quai 9 en principe. L'entraîneur aura déjà les billets. Ne sois pas en retard comme à ton habitude. Si tu rates le train, on perd le match, c'est sûr ! Alors, mets deux réveils, s'il te plaît !

2 Alors, vous êtes sur la route des vacances ? Il fait beau, il fait chaud, mais vous êtes bloqué dans un embouteillage sur l'autoroute du sud ? Mais ne vous énervez pas… D'abord sortez de l'autoroute. Puis suivez les itinéraires bis… Vous reconnaîtrez facilement les flèches vertes. Et alors… vous traverserez des forêts splendides, vous admirerez des collines couvertes de vigne, vous verrez à perte de vue le jaune éclatant des champs de tournesols. Et puis, vous découvrirez des villages charmants. Arrêtez-vous, dégustez notre excellente cuisine régionale… Alors, ne perdez pas votre temps sur les autoroutes… prenez le temps de voyager… c'est du temps gagné.
Voix off : C'était un conseil de la prévention routière.

3 Axelle : – Salut. Ça va ce matin ? Alors, tu as vu le film hier soir à la télé ?
Léo : – Lequel ?
Axelle : – Celui sur France 2, *Un long dimanche de fiançailles*…
Léo : – Ah ouais… mais c'était long et ennuyeux… Si le prof d'histoire ne nous avait pas dit de le regarder, je serais allé dormir.
Axelle. – Mais ça ne va pas ! Il est génial ce film !
Léo : – Pas du tout. Audrey Tautou, je l'avais trouvée super dans *Amélie Poulain*. Et puis le film était original. Mais là, on n'y croit pas à cette histoire. Tu te rends compte, une fille, en 1919, qui part à la recherche de son fiancé parce qu'elle pense qu'il n'a pas été tué à la guerre comme on le dit. C'est ridicule !
Axelle : – Mais non. C'est romantique ! Elle l'aimait beaucoup et elle était sûre qu'il était vivant. Elle le sentait. Et elle avait raison.
Léo : – Oui, vivant mais quand elle le retrouve, il est amnésique et il ne la reconnaît pas !
Axelle : – Le film se termine là, on pense qu'elle va réussir à lui faire retrouver la mémoire. C'est la force de l'amour.
Léo : – Bof ! C'est pas réaliste tout ça.
Axelle : – Tu (ne) comprends rien à la beauté des sentiments.

CORRIGÉS

COMPRÉHENSION DE L'ORAL

Je me prépare

1 1. une fille 2. un garçon 3. on ne sait pas 4. une fille 5. on ne sait pas 6. un garçon

2 1. on ne sait pas 2. un garçon 3. une fille 4. on ne sait pas 5. une fille 6. un garçon

3 un garçon 2. un garçon 3. une fille 4. une fille 5. un garçon 6. une fille

4 1. une fille 2. un garçon 3. une fille 4. une fille 5. un garçon 6. une fille

5 1. une fille 2. des filles 3. un garçon 4. un garçon 5. on ne sait pas (garçons et filles) 6. des garçons

6 1. singulier 2. pluriel 3. singulier 4. singulier 5. singulier 6. pluriel

7 1. singulier 2. pluriel 3. pluriel 4. singulier 5. singulier 6. pluriel

8 1. pluriel 2. singulier 3. singulier 4. pluriel 5. pluriel 6. singulier

9 1. pluriel 2. singulier 3. singulier 4. singulier 5. singulier 6. pluriel

10 1. pluriel 2. singulier 3. singulier 4. pluriel 5. singulier 6. pluriel 7. singulier 8. pluriel 9. singulier 10. pluriel 11. pluriel 12. singulier

11 1. singulier 2. on ne sait pas. 3. pluriel 4. on ne sait pas 5. pluriel 6. singulier

12 1. présent 2. passé 3. présent 4. passé 5. passé 6. présent

13 1. passé 2. présent 3. passé 4. futur 5. présent 6. futur

14 1. passé récent 2. futur proche 3. futur proche 4. passé récent 5. futur proche 6. futur proche

15 1. interrogation 2. déclaration 3. interrogation 4. interrogation 5. déclaration 6. déclaration

16 1. exclamation 2. interrogation 3. exclamation 4. interrogation 5. interrogation 6. exclamation

17 1. sentiment positif 2. sentiment positif 3. sentiment négatif 4. sentiment négatif 5. sentiment positif 6. sentiment négatif

18 1. 04 34 56 78 99 2. 06 45 67 21 12 3. 06 89 98 05 87 4. 01 48 78 81 15

19 1. Charlemagne : 800 2. Jeanne d'Arc : 1412 3. François Ier : 1539 4. Louis XIV : 1682 5. Louis XVI : 1793 6. Napoléon : 1802

20 1. Sylvie : 55 ans 2. Jean-Pierre : 64 ans 3. Justine : 14 ans 4. Florian : 16 ans et demi 5. Romain : 12 ans 6. Cléo 13 ans

21 1. Justine : 31/05/1993 2. Florian : 14/12/1990 3. Romain : 27/04/1995 4. Cléo : 15/06/1993

22 1. 6 – 76 240 2. 16 – 91 190 3. 24 – 75 007 4. 117 – 06 100

23 1. 2. 3. 4.

24 1. lundi : 18 h 15 2. mardi : 17 h 20 3. mercredi : de 14 h 30 à 18 h 45 4. jeudi : 16 h 30 5. vendredi : 7 h 40 6. samedi : 15 h 15 -19 h 15

25 1. 32,99 € 2. 3,25 € 3. 104,95 € 4. 1,40 €

26 1. 5 km 2. 50 mètres au-dessus 3. je vais réserver 4. douze 5. deux tentes 6. des tables

27 1. Leroux 2. Bisset 3. Giraud 4. Schulz 5. Pellerin 6. Vasseur

28 1. Mandelieu 2. Besançon 3. Dombasle-sur-Meurthe 4. Guebwiller 5. Les Vignères 6. Mougins

29 a) à l'école : 1 ; sur un terrain de sport : 2 ; à la poste : 3 ; dans un garage : 4 ; chez le fleuriste : 5 ; à la boulangerie : 6.
b) 1. leçon d'histoire 2. ballon 3. timbre 4. voiture 5. bouquet de roses 6. baguette et croissants

30 1. dans mon sac 2. au-dessous de l'armoire 3. sous ta chaise 4. en face de la boulangerie 5. tout droit 6. au bout de la rue

31 1. Vous faites 100 mètres 2. allez jusqu'à la place 3. au feu 4. toujours tout droit – rue

32 1. futur 2. présent 3. futur 4. passé 5. futur 6. passé

33 1. un père et sa fille 2. une professeur et un élève 3. deux camarades 4. un frère et une sœur 5. un vendeur et sa cliente 6. une secrétaire et son directeur

Je m'entraîne

1 1-d ; 2-c ; 3-b ; 4-a.

CORRIGÉS

2 1. 04 93 98 60 09 2. vrai 3. jusqu'au 15 août 4. vrai

3 1. jusqu'au 15 septembre 2. vrai 3. a. on ne sait pas b. vrai c. vrai 4. faux 5. www.cinemamercury.fr

4 1. médecin pour les enfants. 2. Dr Joly : 01 46 78 98 01 ; Dr Darcourt : 01 34 58 89 90 3. 01 / 09.

5 1. a des horaires spéciaux. 2. lundi : 9 h 30 - 12 h 30 ; mardi : 9 h 30 - 18 h 30 ; mercredi : 9 h 30 - 12 h 30 ; jeudi : 9 h 30 - 12 h 30 ; vendredi : 9 h 30 - 18 h 30 ; samedi : fermée. 3. faux

6 1. touche 2 2. touche 1

7 1. sa mère, sa copine Anna, Antonin 2. acheter du pain et faire bouillir l'eau pour les pâtes 3. du déjeuner 4. vrai 5. un film d'horreur. 6. faux 7. on ne sait pas 8. à 14 h 00 9. en car 10. Parce que la fois précédente, Tanguy n'avait rien et son copain lui a donné des choses à manger.

8 Première partie : 1. d'abord touche 1, puis la touche 2. Deuxième partie : 1. le lundi 2. le mercredi et le samedi 3. 37 € 4. 10 € 5. zone C (2e balcon)

9 1. voie 7 2. à 19 h 16

10 1. en dehors du train. 2. 25 minutes. 3. ne peuvent pas descendre du train.

11 1. Air France. 2. porte 23

12 3 – 5 – 1 – 8 – 4 – 6 – 2 – 7

13 1. en vol. 2. de retourner s'asseoir et d'attacher sa ceinture.

14 1. 15 degrés. 2. faux 3. vrai 4. faux

15 1. d'un jeu 2. au 4e étage 3. sur la géographie et l'histoire 4. des guides et des livres de photos

16 1. la cuisine 2. des plats surgelés déjà prêts 3. Sa mère travaille et n'a pas le temps de faire la cuisine.

17 1. un grand magasin 2. le prix et la variété

18 1. oui 2. oui 3. non 4. plus élevées qu'avant. 5. Paris : 16°, Côte d'Azur : 20°

19 1. 20 h 00 2. 1) Sports 2) Informations sur le monde 3) Culture 4) Sciences 3. a commencé 4. a. un tremblement de terre 4. b. 100 millions de dollars 5. Le grand prix du Jury 6. faux

20 1. de la façon de chanter en différentes langues 2. a. anglais 2. b. espagnol 3. vrai 4. faux

21 1. a, c, d, f, g 2. a. 3 œufs 2. b. 1 pot de yaourt 2. c. 1 pomme 2. d. 3 pots de farine 2. e. 2 pots de sucre 2. f. 1 pot d'huile 3. 200° 4. 1) yaourt 2) sucre 3) œufs 4) farine 5) levure 6) sel 7) huile 5. 35 minutes

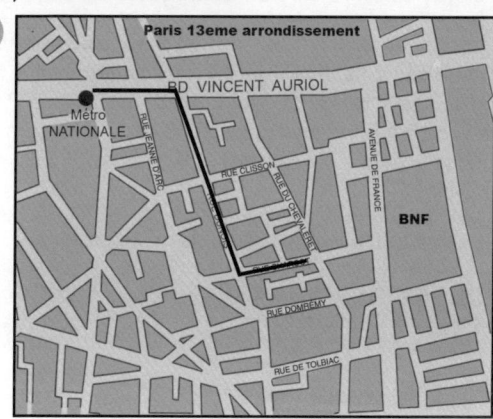

22

23 1. d 2. coton léger 3. orange 4. 38 5. 24,90 €

24 1. a. trois bouteilles de coca 1. b. quatre bouteilles de thé glacé 1. c. 4 bouteilles de jus de fruit 1. d. quatre bouteilles d'eau 1. e. cinq paquets de pain de mie 1. f. faux 1. g. faux 1. h. vrai 1. i. faux 2. La mère achète les cerises.

25 1. un portefeuille 2. dans un grand magasin 3. 30 € 4. en cuir 5. Axelle et une amie 6. vrai

26 1. d'aller voir un film. 2. hésite. 3. aime beaucoup Audrey Tautou. 4. à 15 h 50. 5. Parce qu'elle sort avec ses parents le soir. 6. on ne sait pas

27 1. vrai 2. trois joueurs. 3. était sûre de perdre. 4. a stimulé les jeunes. 5. 56 à 44 points 6. Il ne faut jamais se décourager.

28 1. un i-pod 2. Parce qu'il a perdu le sien. 3. refuse. 4. Elle en a besoin. 5. Il a une heure sans cours au lycée. 6. De ne plus lui prêter de DVD. 7. accepte pour cette fois.

COMPRÉHENSION DES ÉCRITS

Je me prépare

1 Écriteau : 6 ; article informatif de journal : 2 ; dépliant touristique : 8 ; texte d'opinion (Internet ou journal) : 7, 10 ; Texto : 4 ; présentation de film : 5 ; programme : 3 ; courriel : 1 ; recette : 9.

15

CORRIGÉS

2 celui qui écrit parle de lui ou donne son opinion : 1, 4, 7, 10 ; celui qui écrit n'est pas connu : 2, 3, 5, 6, 8, 9 ; destinataire privé : 1, 4 ; destinataire public : 2, 3, 5, 6, 7, 8, 9, 10.

3 a. texto de Tanguy à Eva, à Jules, à Léo b. texto d'Eva à Tanguy c. texto de Jules à Tanguy d. texto de Léo à Tanguy

4 document 1 : Cannes, 15 mai ; document 2 : on ne sait pas, avant le 9 juin ; document 3 : on ne sait pas, le mardi 4 juin ; document 4 : à Paris, le mardi 4 juin ; document 7 : les 2 et 4 juin, on ne sait pas ; document 10 : on ne sait pas, 15 juin.

5 les noms des chaînes de télévision.

6 Coupe du monde

7 C'est le groupe nominal *film d'animation*.

8 C'est le mot *destination*.

9 1. La chaleur et la fonte du barrage de glace. 2. l'eau menace d'envahir les terres.

10 Est-il important de ressembler aux autres ?

11 1. a. TF1 : le résultat des courses 1. b. France 2 : Images du jour : tennis Roland Garros 1. c. France 3 : Tout le sport (20 h 10) – Tennis Roland Garros (20 h 15) 2. a. sur TF1 à 20 h 50 b. sur France 3 à 20 h 55

12 1. oui 2. oui

13 la longueur de l'île, la largeur de l'île, la distance entre l'île et le continent

14 document 3 : les <u>heures</u> des émissions ; document 5 : <u>date</u> de sortie du film et la <u>durée</u> du film ; document 9 des <u>quantités</u> et la <u>durée</u> de cuisson

15 décrire : 8 ; raconter : 1, 5 ; proposer / accepter / refuser : 4 ; donner son avis : 1, 7, 10 ; donner des instructions : 6, 9 ; aider à choisir : 3 ; donner des infos sur un événement : 2

16 a) On est toujours d'accord pour le cinéma ce soir. b) 1. Refus : *désolée, merci quand même* 2. Acceptation : *d'accord*

17 a) <u>beurrer</u>, <u>fariner</u>, <u>enlever</u>, <u>disposer</u>, <u>mettre</u>, <u>mélanger</u>, <u>ajouter</u>, <u>mélanger</u>, <u>verser</u>, <u>faire cuire</u>, <u>saupoudrer</u>, <u>servir</u> : mode infinitif b) mode impératif c) ne pas oublier : n'oubliez pas d) 1 et 2

18 a) 1. les villages 2. les vignobles 3. les marais salants 4. les ports 5. les plages

b) 1. *reliée* au continent, *proche* de La Rochelle – des paysages *variés* – *typiques*. 2. villages *jolis*, ensoleillement *exceptionnel*, lumière *douce*.
c) *Elle a beaucoup de charme et de caractère.*
d) La description souligne ce qui est beau et elle est entièrement positive.

19 a) Axelle parle de son voyage à Cannes et du festival du film.
b) **présent** : est – j'ai – nous rentrons ; **passé composé** : a commencé – on est allés – on a même vu – j'ai adoré ; **futur** : je t'appellerai.
c) 1. aujourd'hui : mercredi 15 mai 2. samedi dernier : 11 mai 3. hier mardi : 14 mai 4. samedi : 17 mai

20 a) super b) n° 1 : b – d – g – i – j – k – o ; n° 2 : a – c – e – f – l – m ; n° 3 : h – n – p

21 a) 1. Bouboule a un jugement plutôt positif. 2. Babaorum a un jugement plutôt négatif. 3. Cendrillon a un jugement plutôt positif.
b) <u>**aspects positifs**</u> : **Bouboule** : nouveaux personnages – sympas – écureuil plus drôle – trio marrant – images magnifiques ; **Babaorum** : histoire originale ; **Cendrillon** : une réelle histoire – une histoire qui tient toute seule – du rire, jamais ennuyeux
<u>**aspects négatifs**</u> : **Bouboule** : scénario simpliste ; **Babaorum** : trop exagéré

22 a) 1. je crois que 2. je trouve que b) connecteurs du texte : *par exemple* ; *mais* ; *parce que* ; *mais* ; *donc*. Mon opinion est qu'il faut être soi-même. En effet, si je suis la mode, je le fais parce que ça me plaît, et je ne suis pas la mode pour faire comme mes amies. Donc, je ne veux pas ressembler aux autres, mais je ne veux pas non plus être différente.

Je m'entraîne

1 a-1 ; b-5 ; c-4 ; d-3 ; e-8 ; f-6.

2 a-8 ; b-7 ; c-5 ; d-6 ; e-4 ; f-2.

3 a) 1. sous peine de poursuites 2. causer des dégâts 3. immondices 4. circuler b) 2, 3, 4, 6

4 1. 49 cartes. 2. c 3. plus de deux. 4. de faire des paires pour éliminer ses cartes. 5. vrai 6. faux 7. celui qui fait le plus de paires mais qui n'a plus le valet de pique.

5 1. a, c, d, h, i. 2. b, c. 3. a. Les tranches de pain sont pleines de lait. 3. b. On met la tranche dans la poêle et on fait dorer. 3. c. Avec du sucre en petite quantité.

CORRIGÉS

6 1. 4 jours 2. 4 plats (entrée, plat, fromage, dessert) 3. a. vrai 3. b. vrai 3. c. faux 4. a, b, d. 5. a. vrai 5. b. vrai 5. c. faux 5. d. vrai 5. e. vrai

7 1. la guitare 2. a. oui 2. b. non 3. l'annonce 213 4. l'annonce 213

8 1. un endroit où on peut venir jouer et emprunter des jeux 2. 6 h 00 3. vrai 4. vient de paraître. 5. ce sont des architectes. 6. reconstruire les pyramides.

9 a) une série b) 1. Vrai. – *en terminale option cinéma* 2. Faux – *filmer la vraie vie de son lycée* 3. Vrai – *le proviseur a donné son accord* 4. Vrai – *les histoires entre filles et garçons, les rapports profs / élèves* 5. Faux – *des dialogues écrits de A à Z*

10 a) pour ados b) 1. Vrai – *la bonne élève* 2. Vrai – *Toutes les filles rêvent de séduire le beau Paulus.* 3. Faux – *elle se trouve laide* 4. Faux – *Paulus a dû faire le pari stupide de séduire une fille laide.* 5. Vrai – *quand on a 14 ans et pas beaucoup de confiance en soi*

11 a) 1-b ; 2-c ; 3-a ; 4-d b) 1. faux 2. Ce mur indique que l'existence de plusieurs langues est positive. 3. Symboliser la fraternité *(un trait d'union entre les hommes).*

12 1. à passer d'un endroit à un autre. 2. au port de Nice, le soir du 11 juin. 3. en montant sur le bateau. 4. b 5. vrai : dont trois dans un état grave

13 1. un romancier et un aviateur 2. en 1900 (il avait 44 ans en 1944 quand il est mort) 3. vrai 4. faux 5. vrai 6. vrai 7. on ne sait pas 8. vrai (3e ouvrage le plus vendu dans le monde)

14 1. de 4500 à 2000 ans avant Jésus-Christ 2. en ligne droite 3. religieux. 4. supposé. 5. ont détruit la végétation et ont tassé le sol et rendu instables les menhirs. 6. seulement en hiver.

15 1. 14 ans 2. chez elle 3. le 13 février (mardi gras), le lendemain de son anniversaire 4. vrai 5. vrai 6. vrai 7. on ne sait pas 8. faux

16 1. de Carnac 2. Parce qu'elle connaît bien l'histoire de Carnac. 3. avec sa classe. 4. on ne sait pas 5. vrai 6. parce qu'on ne connaît pas la raison de ces alignements. 7. vrai : mais le soir on ne peut pas sortir

17 1. à toute sa famille 2. ses copains et ses professeurs. 3. à Strasbourg, en Alsace 4. au centre ville. 5. parce qu'elle s'intéresse aux choses scientifiques. 6. le soir. 7. très satisfaite. 8. un plat typiquement alsacien.

18 a) Soleil : pour ; Tonio : contre ; Titi : pour ; Dumbo : pour ; Lisa : pour ; Cerise : ça dépend. b) 1. Vrai – *Les filles et les garçons n'ont pas les mêmes goûts.* 2. Faux – *J'ai des copains garçons et ils ont les mêmes goûts que moi.* 3. Vrai – *On se comprend mieux quand on est dans la même classe.* 4. Faux – *Je suis pour les écoles mixtes, on ne rigolerait pas sinon.* 5. Vrai – *Toutefois pas naturel pour les garçons et les filles d'être séparés après 16 ans.*

PRODUCTION ÉCRITE

Je me prépare

1 Dans la carte et la lettre, on indique le lieu, suivi de la date (précédé de l'article masculin) : 1. Chapelle des bois, le 10 juillet 2. Barcelone, le 21 avril

2 l'objet du message et d'éventuels documents ajoutés

3 1. Salut ! 2. Coucou 3. Cher Max 4. Chère Julie 5. Bonjour !

4 1. Ma chère grand-mère 2. Mes chers amis 3. Mes chères cousines 4. Mon cher Papy

5 1. Cher monsieur, À bientôt 2. Chère Marraine. Je t'embrasse / Grosses bises / Bons baisers

6 Propositions de réponses :
1. Salut Léo. Passe de bonnes vacances. Moi je pars dans une semaine. Amitiés. Tanguy
2. Salut Antonin. J'espère que tu as eu de beaux cadeaux. Est-ce que tu fais la fête le 31 décembre ? En tout cas, bonne année. Tanguy
3. Chère cousine. N'aies pas peur, ne t'inquiète pas. Tu es très forte. Tout se passera bien. Grosses, grosses bises. Axelle

7 1 : j ; 2 : c ; 3 : i ; 4 : f ; 5 : d ; 6 : a ; 7 : e ; 8 : b ; 9 : h ; 10 : g.

8 j'étudie – ingénieur – commerçante – grand – petit – primaire – s'appelle – qui

9 1-b ; 2-c ; 3-d ; 4-a

10 1. sociable. 2. active et dynamique. 3. expansive. 4. généreuse. 5. paresseux. 6. timide. 7. égoïste. 8. sympathique. 9. antipathique. 10. sportif. 11. débrouillard. 12. réservé. 13. serviable. 14. exubérante.

CORRIGÉS

11 Chers Papy et Mamy
Avec les 60 € que vous m'avez offerts, je me suis acheté une jolie jupe bleu clair à rayures blanches, un t-shirt à bretelles orange, des sandales noires. Je me suis aussi acheté de superbes boucles d'oreilles également orange et un sac en toile bleu. De tout cœur je vous remercie.

12 **1** : toilettes ; **2** : salle de bains ; **3** : chambre ; **4** : salon ; **5** : salle à manger ; **6** : sous-sol / garage ; **7** : toit ; **8** : fenêtre ; **9** : terrasse ; **10** : cuisine

13 Chère Ana
Je suis en vacances en Bretagne chez mes grands-parents. Ils habitent une maison sympa. Je te la décris. *La maison a deux étages. Devant, il y a des fleurs partout. Au rez-de-chaussée, il y a la grande salle de séjour, la cuisine. À l'étage, il y a une chambre, une salle de bain et des toilettes. Dans le grenier, il y a des chambres pour tous les cousins. On s'amuse bien.*
Décris-moi une maison espagnole typique.
À bientôt.
Axelle

14 La pièce est divisée en deux. D'un côté, il y a le <u>salon</u> : un <u>canapé</u> à côté d'une <u>cheminée</u>, au-dessus de la cheminée, il y a une <u>étagère</u> et au-dessus du canapé une <u>peinture</u> / <u>un tableau</u>. Un <u>fauteuil</u> à gauche du canapé permet également de s'asseoir et une <u>lampe</u> entre le fauteuil et le canapé permet de lire. Devant le canapé, on trouve une <u>table basse</u> / <u>table de salon</u> et près de la table basse, un <u>meuble de télévision</u>. Il y a une grande <u>fenêtre</u>. De l'autre côté, c'est la <u>salle à manger</u> : la <u>table</u> et autour de la table, deux <u>chaises</u>.

15 1. À perte de vue, la plaine et au loin la flèche de la cathédrale. La campagne française est vraiment belle. 2. Un paysage très doux de collines et de vignes. 3. Les montagnes sont impressionnantes 4. L'abbaye se dresse dans le ciel bleu.

16 1-c ; 2-e ; 3-h ; 4-b ; 5-g ; 6-i ; 7-a ; 8-j ; 9-d ; 10-f.

17 1. Lundi, nous sommes allées sur l'île de la cité voir Notre-Dame. 2. Mardi, nous sommes allées à Montmartre et nous avons vu la basilique. 3. Mercredi, nous sommes allées à la tour Eiffel, et nous sommes montées jusqu'en haut. 4. Jeudi nous étions dans le quartier latin. 5. Vendredi, nous sommes allées au Louvre, puis aux Tuileries. 6. Samedi, nous sommes allées faire des courses aux Halles, dans le centre commercial. 7. Dimanche enfin, nous étions au jardin des plantes et au zoo.

18 je vous envoie – je sais – tout va – nous sommes – il fait – il y a- nous skions – nous commençons – j'espère – nous mangeons

19 1. Nous avons voulu ... 2. J'ai pu ... 3. J'ai reçu ... 4. Nous avons fait ... 5. Nous avons visité 6. J'ai pris ... 7. Nous sommes venus 8. J'ai appris... 9. J'ai dû 10. J'ai été...

20 1. Voici comment s'est passée ma première journée à Nice. On s'est levées à 9 heures, et on s'est préparées. On a pris notre petit déjeuner vers 9 h 00 et demie et à 10 h 00, on est allées à la plage, à pied. Là, j'ai connu des copains de Chloé super sympas. On a mangé un sandwich sur la plage et on est tout de suite retournées nous baigner (Il n'y avait pas nos mères pour nous en empêcher !). On est rentrées vers cinq heures, on a même dormi un petit peu. On a mangé à huit heures avec ma tante et mon oncle et puis à 21 h 00, on a écouté de la musique (On a téléchargé pas mal de chansons !). On est allées se coucher vers onze heures, mais on a bavardé jusqu'à deux heures du matin. Ce matin, je suis complètement endormie !
(À la place de *on*, on peut utiliser *nous* dans un style plus formel.)

21 Je ne suis pas allée à la plage le matin. Je n'ai pas pique-niqué sur la plage. Je n'ai pas mangé de glace. Je n'ai pas visité le musée Matisse l'après-midi. Je n'ai pas fait de shopping dans la vieille ville. Je n'ai pas participé à la fête d'anniversaire de Paul.

22 Le match s'est joué... Les Bretonnes sont arrivées... nous sommes parties... il pleuvait ... et nous avons voyagé... Nous étions ... Les familles nous ont reçues. Le match s'est déroulé ... Nous avons perdu... Nous nous sommes beaucoup amusées... C'était super.

23 On a rendez-vous à 8 h 00 devant le lycée. Nous irons en RER jusqu'à Versailles. La visite du palais commencera à 9 h 30 jusqu'à 11 heures. Après, nous visiterons les jardins. Nous mangerons au Petit Trianon. À 14 h 00, il y aura le spectacle des jeux d'eau. On rentrera en RER vers 16 h 00 et on sera au lycée à 17 h 00.

24 **positif** : 3, 8, 10, 13 ; **moyen** : 1, 9, 12, 15 ; **négatif** : 2, 4, 5, 6, 7, 11, 14, 16.

25 **Proposition de réponse :**
Axelle : Je viens de voir le film tiré du livre le *Da Vinci Code* et j'ai trouvé ça génial. Je trouve que le film a du rythme, et on y croit, et puis, les acteurs sont très bons.

CORRIGÉS

Tanguy : Eh bien moi, j'ai trouvé le film beaucoup moins bien que le livre. Je trouve que les acteurs ont été mal choisis. Et puis, on ne croit pas vraiment à cette histoire de Graal… Ça sonne faux.

26 1. déception 2. regret 3. surprise 4. colère 5. joie 6. espoir 7. félicitations

27 Propositions de réponses :
1. Je suis désolé, mais je ne peux pas venir au cinéma avec toi. J'ai un match. 2. Lucie, tu exagères. Je t'ai attendue à la maison et tu n'es pas venue. Tu aurais pu prévenir quand même ! 3. Chère Chloé, Qu'est-ce qui se passe ? Tu n'as pas répondu à mon dernier courriel où je t'invitais chez nous ? C'est surprenant de ta part. Peut-être que ton ordinateur est en panne ? Réponds-moi vite… 4. Léo, Je ne comprends rien à l'exo de math. Tu peux m'aider. Je peux t'appeler sur le fixe ? 5. Cher Lucas, Tu voulais savoir le résultat de notre finale… Eh bien on a perdu. Si tu savais comme je suis déçu… On a perdu de quelques points seulement. C'est vraiment trop bête. 6. Chère Axelle, Je l'ai eu ! Le Brevet. Je suis super contente. 7. Je n'en doutais pas. Toutes mes félicitations à ma chère cousine.

28 1. J'aimerais… 2. Il vaudrait mieux… 3. Il faudrait … – il faut… 4. Je voudrais… – Il faudrait…

29 1. Aimerais-tu venir passer une semaine… ? 2. Voudriez-vous… ? 3. Aurais-tu envie… ?

30 Propositions de réponses :
1. C'est super sympa de m'inviter. J'ai demandé à mes parents et ils ont dit oui. Quelle semaine irait le mieux pour vous ? / Je suis désolée, mais je ne peux pas venir. J'ai demandé à mes parents qui ont prévu un voyage de dernière minute et on va partir tous ensemble. Merci quand même. 2. J'adore les chats et c'est avec plaisir et avec l'accord de mes parents que je vais adopter un de tes petits chats. / Tanguy adore les chats, mais moi je suis allergique aux poils de chat. Alors, je regrette mais on ne pourra pas adopter un de tes chatons. Merci quand même. 3. Cher Anto, oui c'est d'accord. En plus j'ai des rollers tout neufs. À quelle heure et où on se retrouve ? / Antonin, je ne peux pas venir faire du roller avec toi parce que je n'ai pas de rollers et surtout parce que je n'en ai jamais fait. Avant de faire une course, il faudrait que je prenne quelques cours… !

31 1-b : Elle a décidé… parce qu'elle pense… ; 2-c : Comme la natation… elle va… ; 3-e : Elle abandonne… car elle n'est pas douée… ; 4-f : Elle veut avoir… c'est pour ça qu'elle va faire… ; 5-a : Elle fera… car elle veut travailler… ; 6-d : Comme elle aime échanger… elle a ouvert un blog.

32 1. Je veux prendre des cours de math pour m'améliorer. Parce que si je veux être ingénieur, il faut que je sois meilleur. 2. Je préfère faire du tennis pour changer tout simplement. J'en ai un peu marre du basket. J'en fais depuis que j'ai 6 ans. 3. Je t'ai appelée pour te demander si tu voulais sortir cet après-midi avec moi. Je dois m'acheter des chaussures.

33 Il m'a dit : passé composé ; il a ajouté : passé composé ; je te dis : présent.
1. qu'on était prêts : indicatif imparfait 2. et qu'on pouvait : indicatif imparfait 3. qu'il faudrait : conditionnel présent 4. qu'on sera : indicatif futur

34 Mon professeur d'espagnol m'a dit que j'avais un bon accent, mais il a ajouté que je devais essayer de ne plus faire de fautes et qu'il fallait que j'apprenne plus de vocabulaire. Ma correspondante m'a dit que je parlais vraiment bien et que bientôt je serais une vraie espagnole, mais qu'elle, elle avait hâte de venir en France pour s'améliorer.

Je m'entraîne

Exercices **1** à **20** : réponses libres.

PRODUCTION ORALE

Je me prépare

1 1. Bonjour, les enfants 2. Au revoir, Camille 3. Salut, à tout à l'heure 4. Bonjour / Au revoir, Marine, Bonjour / Au revoir, madame 5. au revoir, madame ; à bientôt, monsieur ; au revoir.

2 1. – Ça va et toi ? 2. – Bonjour madame, vous allez bien ? – Bonjour monsieur. Très bien merci et vous ? 3. – Bonjour Monsieur Durand. Vous allez bien. – Bonjour Amandine. Oui, ça va bien merci et toi ? 4. – Bonjour Madame Fourier, comment allez-vous ? – Très bien et vous ?

3 1. S'il vous plaît, mademoiselle, l'addition. 2. Pardon madame… 3. Excusez-moi, monsieur…

4 et **5** Du côté maternel, ma grand-mère s'appelle Michelle, elle a 59 ans, et mon grand-père Jean-Paul, il a 58 ans. Ils ont eu deux filles, ma mère Magali qui a 39 ans et ma tante

CORRIGÉS

Clotilde, 35 ans. Maman s'est mariée avec mon père Fabrice, 40 ans et trois enfants, et ma tante Clotilde est divorcée et elle a une fille Chloé ma cousine.

6 Réponse libre.

7 Mon grand-père Gérard est commerçant, ma grand-mère Monique était secrétaire médicale, mais elle ne travaille plus. Mon père est ingénieur et ma mère a une boutique de vêtements. Ma tante Cécile est professeur et son mari est musicien. De l'autre côté, ma grand-mère ne travaillait pas et mon grand-père était agriculteur. Ma tante Clotilde est assistante sociale.

8 à **12** Réponses libres.

13 1. Tu as faim ? Est-ce que tu as faim ? 2. Je peux prendre un coca ? Est-ce que je peux prendre un coca ? 3. Vous avez gagné le match ? Est-ce que vous avez gagné le match ? 4. Tu as fini tes devoirs ? Est-ce que tu as fini tes devoirs ? 5. Tu veux venir au cinéma avec moi ? Est-ce que tu veux venir au cinéma avec moi ? 6. Ton i-pod, il marche ? Est-ce que ton i-pod marche ? 7. Tu as vu mes baskets ? Est-ce que tu as vu mes baskets ?

14 1. Tu habites où ? Où est-ce que tu habites ? 2. Tu t'appelles comment ? Comment est-ce que tu t'appelles ? 3. Tu as quel âge ? Quel âge est-ce que tu as ? 4. Tu es en quelle classe ? En quelle classe est-ce que tu es ? 5. Tu sors à quelle heure aujourd'hui ? À quelle heure est-ce que tu sors aujourd'hui ? 6. Tu vas au cinéma avec qui ? Avec qui est-ce que tu vas au cinéma ? 7. Tu as combien de DVD ? Combien de DVD est-ce que tu as ? 8. Tu habites à Paris depuis quand ? Depuis quand est-ce que tu habites à Paris ?

15 1. Comment vous appelez-vous ? 2. Quel âge avez-vous ? 3. Où habitez-vous ? 4. Pourquoi voulez-vous vous inscrire ? 5. Depuis combien de temps faites-vous de la musique ? 6. Avec qui avez-vous appris à jouer ? 7. De quel instrument voulez-vous jouer ? 8. À quel moment préférez-vous venir ?

16 1-h ; 2-g ; 3-c ; 4-d ; 5-e ; 6-f ; 7-b ; 8-a.

17 1. quel 2. lequel 3. quel 4. lequel 5. quelle 6. laquelle 6. lesquelles – quelle – quelle

18 1. je l'adore 2. je ne les connais pas 3. je l'ai acheté 4. je t'invite 5. je vous téléphonerai 6. ils ne nous emmènent pas

19 je leur ai téléphoné – je le lui ai dit – tu leur as dit – à eux, je leur ai dit – tu me demandes – à toi, je te le demande – à lui, je lui ai demandé – tu lui demandes – à elle, je lui ai demandé de m'offrir

20 Lundi matin à 9 h 00, j'irai chez le dentiste. L'après-midi, je ferai les vitrines avec Ludivine et le soir on mangera une pizza ensemble avec mes copines. Mardi matin, je dormirai jusqu'à 11 h 00 et l'après-midi vers 15 h 00, j'irai voir ma grand-mère. Le soir je regarderai *La Fille de D'Artagnan* sur TF1. Mercredi je préparerai mon sac pour partir en vacances et l'après-midi je ferai mes derniers achats pour les vacances (j'ai besoin de tongues). Jeudi, on appellera un taxi pour 7 h 00 du matin car je prendrai le train de 8 h 00 du matin pour Nice et vers 5 heures de l'après-midi, je prendrai mon premier bain de mer. Hourrah ! Vendredi on restera toute la journée sur la plage et j'enverrai des cartes postales.

21 Demain, elles iront à la plage, elles passeront la journée à se bronzer, elles se baigneront, elles feront des matchs de beach-volley, elles mangeront un sandwich sur la plage et elles rentreront seulement le soir. Le soir, après dîner, elles feront une balade en rollers sur la Promenade des Anglais. Elles connaîtront sûrement de nouveau copains, elles apprendront à danser et elles feront quelquefois les vitrines.

22 1. Si mes parents viennent me chercher en voiture, j'irai à la fête chez Théo. 2. J'irai au concert de Vincent Delerm s'il reste des billets. 3. Je pourrai aller en finale si je m'entraîne tous les jours. 4. Si mes parents me laissent accéder à Internet, je tiendrai un blog. 5. J'apprendrai à jouer du saxo si j'ai assez d'argent pour acheter un instrument. 6. Je ferai un stage de spéléologie s'il ne pleut pas trop.

23 Réponse libre.

24 j'avais – on faisait – on était – il n'y avait – on a préparé – on a mangé – on n'avait pas envie – on a laissé – on a passé – est allés – on a commencé – on a entendu – quelqu'un a déplacé – on a commencé – on a pensé – il y avait – n'osait – on était – est revenu – on est sortis – on a compris – venaient – qu'on avait laissée – on a lavé.

25 et **26** Réponses libres.

27 1. Tu devrais aller voir... 2. On pourrait organiser... 3. Je voudrais aller entendre ... 4. Vous devriez travailler... 5. Tu ferais ça... 6. Vous pourriez parler...

CORRIGÉS

28 1. Et si tu t'inscrivais au club photo du collège ! / 1. Et si vous vous inscriviez … 2. Et si tu changeais la décoration de ta chambre ! / 2. Et si vous changiez … 3. Et si tu venais en vacances quelques jours avec nous ! / 3. Et si vous veniez… 4. Et si tu allais donner un coup de main aux copains !

29 Réponse libre.

30 1. Et si on faisait une fête française … 2. Et si on organisait … 3. Et si on partait … 4. Et si on achetait … 5. Et si on allait au cirque 6. Et si on prenait des billets…

31 1. Peut-être qu'elle ne pense plus à nous ? 2. Peut-être qu'elle a perdu son portable 3. Peut-être qu'elle a rencontré quelqu'un 4. Peut-être qu'elle est toute la journée dans l'eau 5. Peut-être qu'elle n'a pas le temps de téléphoner 6. Peut-être qu'elle est fâchée avec nous.

32 1. Si j'avais 18 ans, je partirais en vacances seul. 2. Si j'avais de l'argent, j'achèterais un nouvel ordinateur 3. Si j'allais à la montagne, je ferais du parapente. 4. Si j'habitais en Italie, je mangerais des pizzas tous les jours. 5. Si j'avais le temps, je passerais la journée à surfer sur Internet. 6. Si je pouvais choisir où aller en vacances, j'irais au Maroc. 7. Si j'habitais sur la Côte d'Azur, je me baignerais six mois par an. 8. Si j'avais des copains musiciens, je monterais un petit orchestre.

33 Réponse libre.

34 a) 1-h ; 2-b ; 3-c ; 4-a ; 5-e ; 6-d ; 7-g ; 8-f.
b) Réponse libre.

35 1. – Je suis trop grosse. – Mangez moins de gâteaux 2. – Je n'ai rien compris, en cours de maths. – Dites-le à votre professeur, il vous expliquera de nouveau. 3. – Je ne sais pas quoi faire, pendant les vacances. – Allez faire un camp à la montagne avec vos copains. 4. – Je n'ai plus rien à lire. – Allez à la bibliothèque de votre quartier. 5. – J'aimerais bien savoir dessiner. – Achetez-vous des crayons et prenez une bonne méthode. 6. – Je voudrais apprendre à jouer d'un instrument. – Allez vous renseigner dans une bonne école de musique. 7. – Je n'ai pas assez de muscles. – Inscrivez-vous à un club de sport. 8. – Je suis nulle en anglais. – Allez passer un mois en Angleterre.

36 1. l, f, j 2. k, c, a 3. g, h, e 4. b, d, i

37 **Proposition de réponse :**
– Monsieur, au nom de toute la classe, je voudrais vous demander de reporter le contrôle de français.
– Et pourquoi ça ?
– Parce que la veille, il y a la finale de la coupe de volley et notre collège est en finale justement. On va les encourager. Alors on n'aura pas le temps de réviser, et c'est important de bien réviser avant un contrôle…
– Oui, mais vous ne devriez pas avoir besoin de réviser si vous aviez travaillé régulièrement.
– Oh monsieur, il faut toujours revoir. On oublie, vous comprenez. C'est important. On pourrait faire le contrôle la semaine prochaine. On a encore du temps avant le conseil de classe…
– Bon, d'accord. Je vous laisse tranquille pour jeudi. Mais le devoir ne sera pas la semaine prochaine, mais vendredi.

38 1. Oh il n'a pas de chance ! Pauvre Léo ! 2. C'est inadmissible ! Il faut faire quelque chose. 3. Vous vous rendez compte. C'est la misère. C'est trop injuste ! 4. C'est pas juste ! 5. On ne peut pas accepter ça. 6. C'est honteux de ne pas savoir faire trois pas à pied. 7. C'est inadmissible ! 8. C'est pas juste car elles sont aussi bonnes que les garçons et même meilleures.

39 Réponse libre.

40 Les réponses d'Axelle :
– Ah non, moi je regarde Nouvelle Star.
– Pas autant que le foot en tout cas. Taper dans un ballon, pfff C'est nul !
– Vas-y toi dans ta chambre, non mais, tu exagères…
– Tu n'es qu'un égoïste…Tu ne penses qu'à toi. Et tu m'énerves.

41 1-d ; 2-a ; 3-f ; 4-b ; 5-c ; 6-e.

Je m'entraîne

1 1. Bonjour monsieur. 2. faux 3. vous 4. Parler de ses prochaines vacances 5. Acheter un DVD 6. qu'elle ne pourra pas lire ses notes. 7. à tout à l'heure, Hannah.

2 1. tu. 2. oui 3. Parler de son dernier week-end 4. Un ami vous invite. 5. Tu as tout compris ? 6. Oui, madame.

3 1. Vous avez quel âge ? 2. Il y a combien d'années que vous faites du français ? 3. Vos parents travaillent ? 4. Vous avez des frères et sœurs ? 5. Vous vous entendez bien ? 6. Vous avez des animaux ?

21

CORRIGÉS

4 Réponse libre.

5 1 – 2 – 3 – 4 – 6 – 8 – 9

6 1 – 3 – 6 – 7

7 à **9** Réponses libres.

10 1. en Italie et dans la Forêt Noire.
2. Elle est contente : de la position de son appartement ; de retrouver toujours les mêmes personnes ; de se baigner tous les jours ; de manger des glaces ; de retrouver ses cousins.
Elle se plaint : d'aller toujours au même endroit. de l'attitude de ses parents ; d'aller chercher des champignons avec sa grand-mère.

11 Réponse libre.

12 1. les dimensions de la ville 2. la position de la ville 3. les activités économiques 4. les aspects touristiques 5. ce qu'il y a pour les jeunes

13 Réponse libre.

14 1-b ; 2-e ; 3-a ; 4-d ; 5-c.

15 Réponse libre.

16 1. nom, âge, classe 2. raisons de l'amitié 3. description physique 4. description du caractère 5. activités qu'ils font ensemble

17 à **24** Réponses libres.

25 1) Parlez de vos prochaines vacances. 2) Parlez de la ville où vous habitez. 3) Parlez de votre animal favori. 4) Racontez votre dernier week-end. 5) Parlez d'une personne que vous aimez. 6) Présentez un personnage que vous admirez (sportif, acteur, chanteur, écrivain, etc.). 7) Parlez de votre maison. 8) Racontez votre dernier voyage. 9) Racontez une journée au collège ou au lycée. 10) Parlez d'un film que vous avez aimé. 11) Parlez de votre famille. 12) Parlez d'un spectacle que vous avez vu en vrai ou à la télévision.

26 1. Pardon, monsieur. 2. Il coûte combien ? 3. 24,99 € 4. un paquet cadeau. 5. Je paie ici ou à la caisse ?

27 1. Vous désirez ? 2. b ou c 3. Qu'est-ce que vous me conseillez ? 4. Je vous dois combien ? 5. Au revoir, monsieur.

28 Proposition de réponse :
– Bonjour madame. Je peux regarder ?
– Mais oui, bien sûr.
– Pardon madame, combien coûte ce petit voilier ?
– 12, 50 €.
– Oui, ça va. Je le prends. Et je voudrais faire un cadeau à mes parents... Qu'est-ce que vous me conseillez ?
– Vous pouvez leur prendre un petit vase pour les fleurs, ou alors des couverts à salade.
– Les couverts en bois coûtent combien ?
– 21 €.
– Oh là, là, c'est un peu cher. Et le petit vase ?
– 18 €.
– Bon je prends le vase. Vous pouvez bien l'emballer, s'il vous plaît.
– Bien sûr. ... Voilà

29 Proposition de réponse :
– Bonjour. Est-ce que je pourrais essayer le pantalon en vitrine ?
– Lequel, le blanc ou le bleu ?
– Le blanc.
– Oui, quelle taille ?
– 38.
– Vous le voulez blanc ? Il existe aussi d'autres couleurs...
– Lesquelles ?
– Il existe en bleu clair, en rose, en orange.
– Je préfère le blanc.
– Bon je l'essaie. ... Il va très bien. Il coûte combien ?
– 24,99 € en soldes.
– C'est parfait, je le prends.

30 Réponse libre.

31 1. Ça t'intéresserait de venir ... ? 2. Il faut que je demande à mes parents. 3. près de Grenoble. 4. Quand est-ce que je pourrais venir ? 5. convient à tous les deux. 6. a, b, d 7. De la quoi ? 8. Merci. Tu es sympa.

32 Réponse libre.

33 a) 1. Je voudrais savoir à quelle heure la piscine est ouverte demain. 2. Quand est-ce qu'elle est ouverte au public ? 3. Vous pouvez me répéter, s'il vous plaît 4. Est-ce que vous pouvez m'indiquer aussi les tarifs ? b) Horaires : 10 h 00 – 15 h 00 et de 17 h 00 – 21 h 00 ; Prix : 5 €

34 Proposition de réponse :
– Allô, bonjour monsieur. Je voudrais des informations sur le spectacle, *Le violon sur le toit*, s'il vous plaît.
– Oui, que voulez-vous savoir ?
– Les horaires d'abord.
– C'est du mardi 22 juin au dimanche 27 juin, à 20 h 30
– Et quels sont les prix s'il vous plaît ?
– 47 € en catégorie 1 et 37 € en catégorie 2,

CORRIGÉS

mais le mardi il y a un tarif spécial : 30 € et 29 €, plus 2 euros 50 pour les frais de réservation.
– On peut réserver par téléphone.
– Oui, bien sûr, mais il me faut un numéro de carte de crédit. Et vous retirerez vos billets avant le spectacle.
– Merci. Je rappellerai alors

35 et **36** Réponses libres.

SUJET D'EXAMEN 1

JE PASSE LE DELF

Épreuve de COMPRÉHENSION DE L'ORAL

1 1. touche 3 2. la finale de basket. 3. le 24 mai 4. 10 € 5. faux

2 1. La fête de la lecture 2. En octobre. 3. du 13 au 15 4. Il y a 16 ans. 5. un conseiller municipal. 6. des lectures publiques. 7. des contes.

3 1. Axelle et sa mère. 2. pour le dîner et la soirée. 3. fêter l'anniversaire de Lucie. 4. À minuit. 5. avec le père de Lucie 6. un autre jour de la semaine.

Épreuve de COMPRÉHENSION DES ÉCRITS

1 1-d ; 2-b ; 3-f ; 4-e ; 5-g ; 6-c.

2 1. deux parties. 2. un film policier.
3. a. Faux – Justification : *elle participait à un concours de beauté (passé)* 3. b. Vrai – Justification : *vêtue de son costume de fée* 3. c. Vrai – Justification : *leur promet qu'elle retrouvera Ambre* 3. d. Vrai – Justification : *scénario particulièrement soigné* 3. e. Faux – Justification : *fera passer un bon moment à toute la famille*

3 1. d'une histoire racontée dans un livre. 2. faux 3. faux 4. vrai 5. ne travaille pas. 6. faux 7. faux 8. on ne sait pas 9. vrai (*Un vrai plaisir*)

Épreuve de PRODUCTION ÉCRITE

1 Proposition de réponse :
Notre voyage dans le pays de la Loire a été formidable. Nous sommes arrivés à Nantes en train, puis nous avons remonté la Loire. Nous avons voyagé en car et nous dormions dans des hôtels de villages. Nous avons visité plusieurs châteaux. Mais celui que j'ai préféré est Chambord. Il est vraiment majestueux. J'ai aimé aussi la ville de Tours (c'est là que j'ai pu faire du shopping pour les petits cadeaux souvenirs). Puis d'Orléans, nous sommes revenus à Paris. Je conserverai toujours un bon souvenir de ce voyage. (98 mots)

2 Proposition de réponse :
Cher Tanguy,
Merci pour ton invitation, mais juste ce jour-là, j'ai la finale de volley de mon équipe et je ne peux pas manquer. J'espère que tu m'excuseras. Je regrette vraiment parce que la fête sera sûrement formidable. En tout cas, je te souhaite un très bon anniversaire, et la semaine prochaine, je passerai chez toi pour t'apporter ton petit cadeau.
Encore bon anniversaire et à bientôt. (71 mots)

Épreuve de PRODUCTION ORALE

1 Entretien dirigé : tout dépend des questions que vous pose l'examinateur / l'examinatrice.

2 Monologue suivi : tout dépend du thème que vous choisissez.

3 Exercice en interaction
1. Proposition de réponse :
– Salut Léo. Tu sais que c'est l'anniversaire d'Antonin. Pourquoi on n'organise pas une fête surprise pour lui ? Lui, il ne fait jamais rien…
– Bonne idée, mais qui on invite.
– Ben, les copains de la classe et du basket.
– Et quand est-ce qu'on ferait ça ?
– Son anniversaire tombe juste samedi prochain. On peut donc le faire samedi.
– D'accord, mais pour avertir les autres ?
– En classe ou par courriel.
– Qui est-ce qui s'occupe du cadeau ?
– Toi, tu veux bien ? Moi, je m'occupe des choses à manger et des boissons. Ah j'oubliais, on fera ça chez moi, dans le sous-sol ; il y a plein de place.
– D'accord.
2. Proposition de réponse :
– Cette année j'ai envie de faire une activité manuelle. Je suis allée au centre culturel, et il y a plein de choses.
– Mais qu'est-ce que tu aimerais faire ?
– J'hésite entre le modélisme ou la pyrogravure.
– Ben moi, je préférerais la pyrogravure. C'est le mardi et le vendredi. Pour toi, c'est bon comme jours ?
– Oui, pas de problème. Alors quand est-ce qu'on va s'inscrire ?

23

CORRIGÉS

SUJET D'EXAMEN 2

JE PASSE LE DELF

Épreuve de COMPRÉHENSION DE L'ORAL

1 1. en train. 2. 7 h 09. 3. à 6 h 50 4. sur le quai 5. d'être en retard.

2 1. un conseil de la prévention routière. 2. qui partent en vacances vers le sud. 3. à prendre le temps de voyager sur les petites routes. 4. vrai 5. vrai 6. b, c, e, f

3 1. avec un copain. 2. d'un film vu à la télévision. 3. après la guerre de 1914 à 1918. 4. qui part à la recherche de son fiancé qu'on dit mort à la guerre. Elle le retrouve mais il a perdu la mémoire. 5. Axelle a beaucoup aimé. L'autre personne n'a pas aimé. 6. romantique.

Épreuve de COMPRÉHENSION DES ÉCRITS

1 1-h ; 2-d ; 3-e ; 4-f ; 5-g ; 6-b.

2 1. de jeunes qui chantent 2. 53
3. a. Vrai – Justification : *de très haut niveau en Europe* 3. b. Vrai – Justification : *deux répétitions par semaine* 3. c. Vrai – Justification : *Il y a 17 ans cet Américain quittait New York.* 3. d. Faux – Justification : *répertoire qui mêle jazz, bande originale de dessins animés, chants grégoriens, chansons populaires ou de music hall* 3. e. Faux – Justification : *travaillant l'expression corporelle aussi bien que le chant, bien autre chose qu'une machine à chanter (ils miment et jouent leurs textes)*

3 1. d'un concours de poésie 2. un garçon 3. 13 ans 4. une compagnie aérienne 5. vrai 6. vrai 7. vrai 8. un voyage au Japon 9. on ne sait pas

Épreuve de PRODUCTION ÉCRITE

1 Proposition de réponse :
Ce soir, j'ai passé une soirée super : je suis allé(e) voir le concert de Shakira avec mes copains de classe. On est arrivés trois heures avant le début pour avoir des places sur la pelouse du stade, mais quand elle est entrée, tout le monde s'est mis debout et on était tout serrés sous le podium, mais au moins on la voyait très bien. Je suis super contente et j'espère qu'il y aura un autre concert comme ça bientôt. (84 mots)

2 Proposition de réponse :
Cher Fabien,
Hier, je prends le journal et qu'est-ce que je vois : mon copain qui gagne le concours de la Japan Airlines et va passer des vacances au Japon…
☺ Félicitations. Ton poème est très « poétique » et tu mérites ton voyage. Bravo Tu as beaucoup de chance et je t'envie. Je rêve d'aller au Japon… J'ai plein de livres, de documentaires et de DVD sur ce pays. Si tu veux préparer ton voyage, tu peux venir chez moi.
Amicalement. (79 mots)

Épreuve de PRODUCTION ORALE

1 **Entretien dirigé** : tout dépend des questions que vous pose l'examinateur / l'examinatrice.

2 **Monologue suivi** : tout dépend du thème que vous choisissez.

3 **Exercice en interaction**
1. Proposition de réponse :
Tanguy : – Les parents, il faut que je vous dise une chose importante. Cet été, j'aimerais partir en vacances avec mes copains.
Le père de Tanguy : – Mais pour faire quoi ?
Tanguy : – Du canyoning. L'oncle de Léo est moniteur et il nous accompagnerait.
Le père de Tanguy : – Où ?
Tanguy : – Dans les gorges du Verdon.
La mère de Tanguy : – Mais c'est trop dangereux. Moi je ne veux pas. En plus, tu es bien jeune.
Tanguy : – Ne t'inquiète pas. On serait 5 copains, et tu les connais tous, et on serait hébergés dans le centre sportif où travaille l'oncle de Léo. Pas de problème. On sait qu'il y a de la place, et ce n'est pas cher du tout.
Le père de Tanguy : – Donne-moi le numéro de téléphone des parents de Léo. Je vais appeler.
2. Proposition de réponse :
Le fils : – Ce soir je voudrais voir *Thalassa*.
Le père : – Ah non, moi ce soir, je regarde la Coupe du Monde.
Le fils : – Encore du foot, il y en a marre. Ça fait quinze jours qu'on ne voit que du foot…
Le père : – Et alors. Toi aussi tu aimes le foot. Regarde avec moi.
Le fils : – Non, moi je veux regarder une émission sur les Inuits. C'est mon sujet d'exposé pour la prof de géo.
Le père : – Écoute, je vais aller regarder le match chez un copain, et je te laisse la télé. Mais tu peux me remercier, tu sais…